KYNOS KLEINE HUNDEBIBLIOTHEK

DER CHOW CHOW

KYNOS VERLAG MÜRLENBACH

KYNOS KLEINE HUNDEBIBLIOTHEK

DER CHOW CHOW

Diana Phillips

Fotos von Marc Henrie

INHALTSVERZEICHNIS

IMPRESSUM

© 2. Auflage 1997 KYNOS VERLAG
Dr. Dieter Fleig GmbH
Am Remelsbach 30
D-54570 Mürlenbach/Eifel
Telefon: 06594/653
Telefax: 06594/452

ISBN-Nr. 3-924008-59-0

© Englische Originalausgabe
Salamander Books Ltd., London
Übersetzung D. und H. Fleig

FOTOGRAF

Marc Henrie begann seine Karriere als Standfotograf bei den berühmten Ealing Filmstudios in London. Von hier ging er nach Hollywood, wo er für MGM, RKO, Paramount und Warner Brothers arbeitete. Er fotografierte die Großen von Hollywood: Humphrey Bogart, Edward G. Robinson, Gary Cooper, Joan Crawford und Ingrid Bergmann, um nur wenige zu erwähnen. Er war einer der letzten Fotografen, der Fotos von Marilyn Monroe machte.

Als er später nach England zurückkam, spezialisierte sich Marc auf Hunde- und Katzenfotografie und gewann sehr schnell internationale Anerkennung. Er hat zahlreiche Fotopreise gewonnen, vor kurzem den Kodak Award für beste Tierfotografie und den Neal Foundation Award für herausragende Fotografie tierischen Verhaltens.

Marc ist mit der früheren Ballettänzerin Fiona Henrie verheiratet, die heute Tierbücher schreibt und illustriert. Sie leben mit ihrer Tochter Fleur, zwei Cavalier King Charles Spaniels und einer Katze namens Topaz im Westen von London.

ZUM GELEIT

Wer einen Hund haben will, sollte sich keinen Chow nehmen. Denn der Chow ist kein Hund, der seinem Herrn dient wie ein Knecht. Der Chow ist eine Mischung von Hund und Katze und Mensch. Wer seinen Chow zum willenlosen, dienenden Knecht machen will, schafft sich einen Feind an. Der Chow ist stolz. Mensch und Chow gehen eine Art Ehe ein, und keine moderne, offene, sondern eine traditionelle mit gegenseitiger Treue. Wer das nicht weiß oder will, lasse die Finger davon. Wirkliche Chow-Freunde bilden unter den Hunde-Besitzern eine liberale, elitäre Gruppe. Ihrer Überzeugung nach ist der Chow ein in ein Prachtfell eingenähter heimlicher Mensch. Die übrige Menschheit teilt sich in zwei große Klassen: Die eine Klasse hat noch nie einen Chow gesehen und fragt unsereinen erstaunt, was das für eine fremde Rasse sei. Die andere Klasse weiß vom Chow, daß er eine „blaue Zunge" habe. Unser Chow, Lord Billy, wird von diesen Leuten immerzu aufgefordert, seine „blaue Zunge" zu zeigen. Ehrlich gesagt, hängt ihm das zum Halse heraus. „Tatsächlich, er hat eine blaue Zunge!", rufen die Menschen befriedigt aus. Lord Billy hält diese Menschen für recht einfältige Lebewesen, die immer nur das eine von ihm wissen wollen. Dabei besitzt er doch noch so viele andere köstliche Eigenschaften und Begabungen. Neulich träumte mir, unser Chow habe einem Menschen gesagt: „Zeig mal deine rosarote Zunge!" Und dann habe er gekichert.

28. Februar 1990 — Gerhard Zwerenz

AUTOR

Diana Phillips ist mit den Chow Chows seit den 40er Jahren verbunden. Ihre Mutter, Mrs. Doris Claxton, war bis zu ihrem Tode vor kurzem eine hochangesehene Richterin auf Championatsausstellungen für Chows, ihre Schwester, Miss Gillian Claxton, ist gleichfalls eine allgemein bekannte Ausstellungsrichterin.
Diana richtete ihre erste Ausstellung 1963, ihre erste Championship Ausstellung 1977. Auf internationalen Ausstellungen richtete sie auch in Deutschland, Holland und Frankreich. In Holland vergab sie auch CACs für Shar Peis.
Sehr viel lernte Diana Phillips bei Mrs. Joan Martin (Nitram Chows), der erste Ausstellungs-Chow, den sie unter eigenem Namen vorstellte, war Golden Sun of Nitram. Zu Lebzeiten ihrer Mutter beteiligte sie sich an dem Zwingernamen Chanoyu, heute ist sie die alleinige Züchterin. Aus ihrem Zwinger stammen Ch. Chanoyu Golden Gem, Ch. Chanoyu Golden Marcus, Ch. Chanoyu Christmas Carol of Nitram und Int. Ch. Chanoyu Fiery Dragon.
Diana besaß auch Hunde anderer Rassen, aber ihr eindeutiger Favorit ist stets der Chow Chow geblieben. Über kurze Zeit züchtete sie Perserkatzen, einschließlich die blaue Chanoyu Zara.
Dianas erzieherischer Beruf bestätigt sie in ihrem festen Glauben an Ausbildung als Vorbereitung für das Hunderichten, alljährlich hält sie Vorlesungen für Richteranwärter verschiedener Hunderassen. Sie ist überzeugter Anhänger der Zucht gesunder, langlebiger Chows, sie selbst züchtete den allgemein bekannten Veteranen Chanoyu Midnight Sirius, der die Rekordzahl von 114 x Bester Veteran errang. Über viele Jahre ist Diana Phillips Mitglied des Komitees des Chow Chow Clubs.

Einführung

Ist der Chow die richtige Hunderasse für Sie?

Es gibt nichts Attraktiveres als das kleine Bündel flauschiges Fell und Lebensfreude, das uns als Chow-Welpe entgegenkommt. Viele Leute erinnert dies an einen Spielzeugteddybär. Man muß aber immer wissen, daß dieses Kosewesen kein Spielzeug ist, sondern ein lebendiges, heranwachsendes Tier mit eigenen Anforderungen und einem eigenständigen sich herausbildenden Charakter. Der Besitz jeden Hundes bringt wachsende Verantwortung, auf die man sich nicht leichtfertig einlassen sollte. Ein Chow ist ein viel Freude bereitender, wunderbarer Lebensgefährte, wahrscheinlich aber auch der unkonventionellste Hund unter allen Hunderassen. Deshalb ist es außerordentlich wichtig, daß man den wahren Charakter, die Anforderungen und das Verhalten eines Chows versteht, ihn mit den eigenen Erwartungen über den künftigen Haushund vergleicht, denn eine Wahl unter falschen Vorstellungen wäre für beide Seiten ein Unglück.

Der hübsche kleine Welpe wächst zu einem mittelgroßen, würdigen, intelligenten erwachsenen Hund heran. Ein erwachsener Chow entspricht in seiner Körpergröße etwa Kniehöhe mittelgroßer Menschen. Sein quadratischer, ausbalancierter Körper birgt eine Kraft, die man mit einem ständigen „Allradantrieb" vergleichen kann. Dieser Hund braucht Zeit und Zuwendung, um seine Kraft über Erziehung richtig zu kontrollieren. Seine hochgradige Intelligenz und das Selbstbewußtsein erfordern, daß zwischen Hund und Mensch eine gegenseitige liebevolle Partnerschaft entsteht. Ein Chow gehorcht nicht, ohne den Sinn für diesen Gehorsam einzusehen. Dieser Hund kann fast bis zur Starrköpfigkeit eigenwillig sein, aber was er im allgemeinen möchte, stimmt meist mit den Wünschen seines Herrn oder seines Frauchens überein. Oft wird der Chow als „Einmannhund" bezeichnet, weil er gegenüber seiner Familie und seinen einmal gewählten Freunden außerordentlich loyal und ergeben ist.

Unten: *Byhorn Cedar at Chanoyu bietet im sonnigen Garten ein attraktives Bild, sie kann aber auch eine ganze Menge Hund sein!*

Rechts: *Fröhlich und ausgelassen genießt dieser Chow das Spiel im eigenen Garten im langen Gras.*

Das Haarkleid eines Chows gehört zu seinen attraktivsten Merkmalen. Voll ausgereift ist dieser Hund in seinen Farben wunderschön, stattlich in seiner äußeren Form. Bei dieser Rasse gibt es keinen „Hundegeruch". Allerdings verlangt der Besitz eines langhaarigen Hundes immer regelmäßige Fellpflege, sonst verfilzt das Haar schnell.

Ein Chow bewacht Haus und Garten ohne Lärm, sein berühmt mürrischer Ausdruck schreckt unwillkommene Besucher ab. Er ist ein wunderbarer Wachhund, bellt aber nur, wenn es nötig ist. Der intelligente Hund lernt schnell zwischen Freund und möglichem Feind zu unterscheiden. Dieser Hund darf niemals an die Kette gelegt oder zum angriffslustigen Wachhund erzogen werden.

Hat er genügend Auslauf, ist der Chow in der Stadt wie auf dem Land ein glücklicher Hund. Der auf dem Land lebende Chow findet meist im eigenen Garten genügend Bewegung, braucht Spaziergänge nur als geistige Anregung. Der in der Stadt lebende Chow braucht dagegen für seine körperliche Gesundheit den täglichen Spaziergang. Aber nur mäßig große Spaziergänge sind erforderlich, nicht vergleichbar denen, die große, sportliche Hunderassen benötigen. Spaziergänge ohne Leine sind in der Regel weniger empfehlenswert, denn seine Unabhängigkeit könnte den Hund zum Streunen verführen! Aufpassen muß man, wenn man in der Nähe von Geflügel oder Schafen lebt! Von größter Wichtigkeit ist es, den Hausbereich, in dem ein Chow lebt, sicher einzuzäunen.

Hat man kleine Kinder, ist für sie der Chow idealer Spielkamerad und Wächter. Chows lieben Kinder, Chows nehmen von einem Kind viel mehr Grobheiten widerstandslos entgegen als von Erwachsenen, gerade deshalb ist es aber Aufgabe der Erwachsenen, die Kinder so zu erziehen, daß der Chow auch von ihnen immer freundlich und mit Verstand behandelt wird.

Ein Kind, das sich dem Hund gegenüber schlecht benimmt, sollte zurechtgewiesen werden, im umgekehrten Fall natürlich auch der Hund, beiden sollte man nicht erlauben, sich gegenseitig zu necken oder rücksichtslos zu spielen. Gerade der gegenseitige Respekt führt zur gegenseitigen Liebe und Ergebenheit des Hundes.

Der Chow ist eine Hunderasse mit hoher Lebenserwartung. Er reift langsam heran, viele Hunde stehen erst im Alter von 4–5 Jahren auf ihrem körperlichen Höhepunkt. Die meisten sind auf ihre Art noch im Alter von 12 Jahren jung, viele Hunde leben 14–15 Jahre. Der Käufer muß bereit sein, ebensoviele eigene Lebensjahre mit seinem Hund zu teilen. Gerade die Loyalität dieser Hunde macht es erforderlich, daß man über ihre gesamte Lebenszeit einen wechselseitigen Pakt abschließt. Wichtig ist genügend Freizeit! Gerade ein Junghund fordert über den Großteil der täglichen Stunden Pflege, Futter, Erziehung und Gesellschaft. Auch der ältere Hund braucht täglich Gesellschaft, die Pflege und Aufmerksamkeit, die er fordert und verdient. Ein Chow ist nicht dazu auf der Welt, um gefüttert, saubergehalten und danach vergessen zu werden. Er braucht die Zeit seines Besitzers, lohnt sie ihm reichlich.

Manchmal muß man auf einen guten Welpen warten. Chows sind in der Zucht nicht leicht, zuweilen muß man Geduld haben. Das ist für die Rasse gut, denn hierdurch werden die ungeduldigen und ungeeigneten Besitzer selbst aussortiert. Hat man erst einmal die feste Überzeugung, daß man gerne einen Chow haben möchte, hilft die Wartezeit, sich nochmals eingehend ein gutes eigenes Bild über den Rassecharakter und die Haltungsvoraussetzungen für die Rasse zu machen.

Sucht man einen Hund, der ohne zu fragen immer gehorcht, der aufregende Kunststücke vorführt, eine Einbruchssicherung für das Haus oder ein elegantes Statussymbol darstellt, dann sollte man den Chow sofort vergessen. Möchte man aber einen treuen, ergebenen, intelligenten und attraktiven Lebensgefährten, dann sollte man weiterlesen. Man eignet sich dann, einen Chow zu besitzen – besser von einem Chow besessen zu werden! Einmal Chow-Besitzer – immer Chow-Besitzer!

Oben: *Tanlap Titbit in fröhlicher Gesellschaft mit den liebevollen Besitzern Angharad und David.*

Unten: *Eine glückliche, aufgeweckte Gruppe glatt- und langhaariger Welpen in Erwartung, was die große weite Welt ihnen zu bieten hat.*

Kapitel eins

RASSE-GESCHICHTE

DER URSPRUNG

In einer weit zurückliegenden, geheimnisvollen Entwicklungperiode erschien erstmals das Tier, das wir heute Chow Chow nennen. Zweifellos handelt es sich um eine der ältesten Hunderassen der Welt. Historiker haben ins 11. Jahrhundert vor Christi zurückreichende Chroniken gefunden, die den „Tartarenhund" oder „fremden Chow" beschreiben. Diese zeigen klar, daß die einzigartigen Merkmale der Rasse bereits so früh vorhanden waren. Die Beschreibungen sprechen von einem „schwergebauten Hund mit hartem, bürstenartigen Haar, völlig geraden Hinterläufen und blauen Zungen". Der Ursprung und die Eingliederung in den menschlichen Bereich fand offensichtlich bereits vor dieser Zeit statt.

Auf dem Stammbaum der Fleischfresser sind die letzten Zweige die Caniden und die Bären. Im Miocenium, also vor 28–12 Millionen Jahren, erschien der letzte Abkömmling, der Hemicyon, eine Zwischenstufe zwischen Hund und Bär von mittlerer Größe und in vieler Hinsicht recht hundeähnlich. Sein direkter Nachkomme war der Simicyon, ein Tier, das in seiner Größe zwischen Fuchs und kleinem Bär variierte. Diese Tiere bewohnten die subarktischen Zonen, eine forstschreitende Eiszeit trieb sie nach Süden in Richtung Sibirien und nördliche Mongolei.

Neben den offensichtlich bärenähnlichen Zügen des Chows ist es interessant festzustellen, daß der Chow mit den kleinen Bären des Tibets und der Mandschurei die charakteristische blauschwarze Zunge, den breiten Oberkopf, den kurzen Fang und den quadratischen Körperbau teilt. Das sind mehr Merkmale des Bären als eines Wolfs. Einen abschließenden und schlüssigen Beweis gibt die Bezahnung des Tieres. Während die normalen Hundeartigen 42 Zähne aufweisen, gab es bei den Hemicyons und Simicyons 44–46 Zähne. Auch der Chow weist 44 Zähne auf, allerdings verliert er im allgemeinen bei der zweiten Zahnbildung diese zusätzlichen zwei Zähne. Der Chow oder einer seiner uralten Vorfahren entstand wahrscheinlich in den hohen, kalten Steppen der Mongolei, viele, viele Jahre vor der Entwicklung des Affenmenschen zum Homo Sapiens.

ANKUNFT DES CHOWS IN CHINA

Häufig wurde China von barbarischen Stämmen an seinen Nordküsten angegriffen. Diese Stämme – Tartaren und Mongolen – waren von „Kriegshunden" begleitet. Zu dieser Zeit wurde häufig das Wort „Mastiff" gebraucht, aber nicht im heutigen Sinne. Als „Mastiff" bezeichneten unterschiedslos Schriftsteller wie Übersetzer Hunde, die groß, kraftvoll und jagdlich tauglich waren.

Die Kriegshunde der Tartaren wurden als Hunde von „löwenähnlichem Aussehen, groß, kraftvoll und mit dem besonderen Merkmal schwarzer Zungen" beschrieben. Die Geschichtsschreibung berichtet, daß Kaiser Wu Wang (1122–1116 v. Chr.) als Tributzahlungen von seinen Gegnern eine große Anzahl ihrer Hunde erhielt, die „als sehr kraftvoll, dicht behaart, zumeist von roter Farbe" beschrieben wurden. Trotz der Zerstörung der chinesischen Literatur im Auftrag von Kaiser Chin Shih (255 v. Chr.) gibt es noch zahlreiche Urkunden über nach China verbrachte Hunde, die von mehreren barbarischen Stämmen kamen, die an der Nordgrenze Chinas lebten. Diese Hunde nannte man teils bereits „Ausländische Chows" oder ihre Beschreibung paßt ziemlich genau auf den Chow. Es gibt immer wieder Hinweise auf die blaue oder blauschwarze Zunge und die einzigartig steilen Hinterläufe. Auch die schwarzen Gaumen und Lefzen werden erwähnt, außerdem die Tatsache, daß die Lefzen nicht überlappen, sondern nur gerade berühren – eine Eigenschaft, die dem Chow seinen typischen, distanzierten Ausdruck gibt.

Der „Tartarische Kriegshund" oder der „Ausländische Chow" wurde bei den Chinesen als „würdig des Einsatzes durch einen Mann" befunden, man schätzte besonders seine Fähigkeiten für die Jagd, als Herdenhund und als Wachhund. Kaiser und Adel hielten Chow in hohem Luxus. Kaiser Ling Ti züchtete Chows als Mitglieder des kaiserlichen Haushalts; sie wurden mit bestem Reis und Fleisch ernährt, von Dienern aus der Armee versorgt, militärisch geschützt; sie schliefen auf wertvollen Teppichen, man verlieh ihnen hohe Hoftitel und Orden, zum Beispiel den Orden Kai Fu (Viceroy). Diese Chows hatten zwei Aufgaben, Schutz des Palastes und dekoratives und würdiges Aussehen. Die Kaiser der Tang Dynastie hatten riesige Jagdzwinger mit 25000 Paaren von Jagdhunden echten Chowtyps. In dem Riten-Buch (7. Jahrhundert v. Chr.) wurde der „Ausländische Chow" als Jagdhund klassifiziert, der Wölfe und Leoparden anzugreifen vermochte. Als Jagdhund besaß der Chow bemerkenswertes Geruchsvermögen, kluge Angriffstaktik und große Kraft. Diese Kraft wird durch den Gebrauch eines Panzers unterstrichen, wie wir ihn auf Keramikfiguren auf den Gräbern der Han Periode (206 v. Chr. – 220 n. Chr.) erkennen. Dabei ist der Hund angeleint, mit einer seltsamen Art Brustgeschirr versehen, das über die Front in einen eisernen Ring auf dem Rücken geführt wird, an dem die Kette angebracht ist. Die außerordentliche Kraft der Hunde wird in diesen Keramikfiguren deutlich. Die Tonfiguren wurden ihren toten Herrn ins Grab mitgege-

Unten: *Pottery Chow Chow aus der Han Periode (etwa 200 v. Chr.). Der kräftige Panzer ist ein Hinweis auf die riesige Kraft des Chows.*

ben, um sie gegen die Einflüsse böser Geister zu schützen. In der Provinz Yunnan wurden Jagdhunde auf Moschusochsen als „Chow-Hunde von großer Gestalt und Gewicht" beschrieben, „sehr aktiv und fest auf den Läufen". Über diese Periode gibt es in den frühen chinesischen Geschichtschroniken viele Hinweise, die klar auf den Chow deuten. „Quadratische Hunde von wildem Aussehen, ähnlich Löwen, denen sie besonders durch ihren haarbedeckten Hals, Gesicht, Farbe und Krallen ähneln; sie greifen Bären und Sauen an. Nur sehr selten hört man sie bellen, mit Ausnahme der Jagd. Sie folgen dem Wild durch Wald, Unterholz und Dornen und schwierigstes Gelände." „Es sind seltsame Tiere, völlig verschieden von allen anderen Rassen, von mißtrauischer Natur, zurückhaltend und ablehnend gegenüber Fremden, aber außerordentlich mutig". Es gibt noch ein Gemälde aus einem chinesischen kaiserlichen Haushalt vor 2000 Jahren, das klar einen Chow unter dem Tisch liegend zeigt. Dieser Chow besitzt ein perfekt gepflegtes rotes Fell, hat den gleichen mißtrauischen Ausdruck wie der heutige Chow.

Die meisten Hinweise sprechen von einem Chow von roter oder schwarzer Farbe. Aber in den abgelegenen, felsigen Gebirgen Nordchinas, der Mandschurei und Mongolei, züchteten die Mönche der buddhistischen Lama Klöster blaue Chows. Die alten Chinesen waren in der Genetik der Farbenzucht sehr geschickt, sie müssen eine recht lange Zeit gebraucht haben, um dieses Auflösung der schwarzen Farbe in ein fahles Blau zu der Perfektion zu entwickeln, die sie tatsächlich erreichten. Diese blauen Chows wurden in den Klöstern als Wachhunde, als Hirtenhunde wie als Jagdhunde gehalten. Die Mönche waren sehr stolz auf ihre Hunde und überwachten eifersüchtig die alleinige Zucht. Der Chow mit seinem Brustgeschirr ähnelt weitgehend dem heiligen Löwen, dem Verteidiger der Treuen, sein Brustgeschirr zeigt an, daß er im Dienst von Buddha steht.

Oben: *Vier Champions von Mrs. Scaramanga. Von links nach rechts: Theem Kwy, Red Craze, Wiggles und Hah-Kwy. Gemälde ca. 1905 von Maud Earl.*

Diese blauen Hunde zeichneten sich nicht nur durch ihre Farbe aus, die Berichte sprechen auch von mehr Körpergröße, stärkeren Knochen als Hunde außerhalb der Klöster aufwiesen.

Mit dem Ende der Tang Dynasty verarmte das Volk immer mehr, mit Ausnahme der Klöster gab es keine planmäßige Zucht mehr. Auch die kaiserlichen Jagden waren zu Ende. Den original reingezüchteten Chow fand man nur noch in den Häusern wohlhabender Kaufleute und Adliger und in Klöstern. Die sparsamen geschäftstüchtigen Chinesen begründeten eigene Hundefarmen. Der Chow erwies sich nicht nur als Hirten-, Jagd-, Schlitten- und Wachhund als nützlich, er hatte auch einen dicken Pelz und eßbares Fleisch. In den nördlichen Landesteilen entstanden große Hundefarmen, auf denen Chows aufgrund ihres wertvollen Fells gezüchtet wurden. Etwa im Alter von 10–12 Monaten wurden diese Hunde mit einer Schnur

Oben: *Ch. Young Cheng of Amwell, eine zweijährige Hündin aus dem berühmten Amwell Zwinger von Lady Faudel Phillips.*

erdrosselt, damit der Pelz nicht beschädigt wurde. Strenge gesellschaftliche Gesetze verlangten, daß „über einem Kleid, besetzt mit Hund- oder Schafsfell, kein zweites Kleid getragen werden darf, denn hierdurch würde die Schönheit des Kostüms verborgen." In der Mandschurei erhielt ein Bauernmädchen bei der Hochzeit als Mitgift ein Team von sechs Chows als Grundstock für eine eigene Hundefarm.

Das Fleisch der Chows war ein begehrter Ersatz für Schaffleisch, die Provinzen Kwantung und Kwan-si waren darauf spezialisiert, Hunde für den Verzehr zu züchten. In Canton wurde die Hunde mit einer eigenen Reisdiät gefüttert, hierdurch sollte sich der Geschmack verbessern. Von schwarzen Hunden hieß es, sie seien besonders reich an Nährstoffen. Zarte Jungtiere, getötet im Alter von neun Monaten, waren den Wohlhabenden vorbehalten, die ärmeren Klassen durften nur erwachsene Hunde verspeisen. Die Zunge des Chows war eine Delikatesse, ihr wurden auch Heilkräfte angedichtet. Hundefleisch wurde insbesondere im Herbst gemeinsam mit ölhaltigem Getreide gegessen, besonders erwähnt wird es als Festmahl für das chinesische A-chee-Fest. Erst 1928 wurde in der Provinz Peking ein Gesetz erlassen, welches das Essen von Hundefleisch verbietet. Trotzdem heißt es, daß ältere Chinesen noch immer einen Weg wissen, wo sie Hundefleisch kaufen können, es wird unter dem Namen „süßduftendes Fleisch" verkauft. Bis zum heutigen Tage wird in Südkorea noch immer Hundefleisch gegessen, im allgemeinen als Fleischmedaillon, garniert mit Zwiebeln. Sollte dies der Grund sein, weshalb der Chow noch immer eine so verschlossene Miene zeigt, als habe er triftigen Grund, dem Leben mit Mißtrauen zu begegnen?

DIE REISE DES CHOWS IN DEN WESTEN

Der erste Europäer, der den Chow erwähnt und beschreibt, war Marco Polo. Er besuchte als Gast des Großmoguls im 13. Jahrhundert China und berichtete darüber in seinen Reiseerzählungen. In der westlichen Welt war der Chow jedoch bis Ende des 18. Jahrhunderts unbekannt, zu dieser Zeit wurde er von Seeleuten und Kaufleuten auf den Klipperschiffen der ostindischen Company als Kuriosität mitgebracht. In seinem Buch „The Natural History and Antiquities of Selborne" beschreibt Rev. Gilbert White den ersten Import eines Paares Junghunde aus Canton durch einen jungen Gentleman der Ost Indischen Company. Diese Hunde stammten „aus chinesischer Zucht aus Canton, wo diese normalerweise in diesem Land gemästet und gegessen werden". Er fährt fort: „Die Hinterläufe sind in der Regel völlig gerade, ohne jede Winkelung am Sprunggelenk. Ihre Augen sind kohlschwarz, klein und lebhaft, die Innenseite der Lefzen und des Fangs haben die gleiche Farbe, die Zungen sind blau." Klar waren dies eindeutig Chows, wahrscheinlich die ersten in England, denn diese Importe erfolgten Anfang der 1780er Jahre. Anfang des 19. Jahrhunderts kamen ein paar weitere Chows als Kuriositäten nach England. Es gibt Berichte über einen orientalischen Hund mit dickem, roten Fell und blauschwarzer Zunge, der aus China stammte, einige Chows wurden im Londoner Zoo im Abschnitt „Wildhunde" untergebracht. Der Königin Viktoria 1865 geschenkte Chows wurde auf Schloß Windsor in Käfigen gehalten.

Ein erstes Interesse an der Zucht und Ausstellung von Chows muß 1879 entstanden sein, als eine schwarze Chow-Hündin namens Chinese Puzzle nach England kam. Im folgenden Jahr wurde sie auf der Ausstellung im Crystal Palace durch ihren Besitzer Mr. W. K. Taunton vorgestellt. Im Hinblick auf unseren heutigen Zuchtstandard ist besonders interessant, daß diese Hündin eine Schulterhöhe von 40,6 cm bei einem Gewicht von 14,5 kg aufwies. Im Jahre 1884 importierte der Earl of Lonsdale einen Chow, drei Jahre später erhielt die Marchioness of Huntley von ihm einen Hund namens Peridot. Die Marchioness züchtete einen Chow namens Peridot II, der zum Grundstock des Gordon Zwinger von Lady Granville wurde. Lady Granville Gordon ist es zu verdanken, daß der Kennel Club die Rasse als Chow Chow anerkannte, nicht als „Foreign Dog". Lady Granville war auch Besitzerin der ersten blauen Chows in England. Ihre Tochter Lady Faudel-Philipps begründete später den berühmten Amwell Zwinger, wurde bis etwa 1898 der führende Züchter und Aussteller. 1890 wurde der erste Chow in Amerika ausgestellt, es war „Takya" im Besitz von Miss A. C. Derby.

Eines der wichtigsten Jahre in der Geschichte des Chows war mit Sicherheit 1895. Vier wichtige Ereignisse traten ein. Champion Chow VIII wurde der erste Chow Champion, Peridot II wurde auf der LKA Championship Show Best in Show, der englische Chow Chow Club wurde gegründet, und nach dem Bild von Ch. Chow VIII wurde der Rassestandard aufgestellt.

Seither sind Zucht wie Ausstellung von Chows vorangekommen. Mrs. Jarrett aus Philadelphia gründete den ersten amerikanischen Zuchtzwinger für Chows und erreichte Anerkennung der Rasse durch den American Kennel Club. Chinese Chum wurde an Mrs. Proctor in die USA exportiert, wo er Amerikanischer Champion, Vater von vielen amerikanischen Champions einschließlich Am. Ch. Black Cloud und Am. Ch. Night of Asia wurde, diese wiederum wurden zum Grundstock des „Blue Dragon-Zwingers". Der American Chow Club wurde 1906 gegründet. Ihm folgte 1924 die Gründung des French Chow Chow Clubs durch Mme. Mareschal (der nach dem Zweiten Weltkrieg durch Mme. Yvonne Diot wieder auflebte). 1924 erfolgte die erste Eintragung eines Chows im Deutschen Zuchtbuch.

Nach und nach wurde der liebenswerte Charakter des Chows immer mehr bekannt, in den 20er Jahren verbreitete sich die Rasse stetig über die ganze Welt und gewinnt bis zum heutigen Tage immer neue Anhänger. Eine ganze Reihe bekannter, um nicht zu sagen berühmter Leute waren Chow-Besitzer. In der englischen königlichen Familie hielten Queen Victoria und weitere Familienmitglieder Chows als Hausgenossen. Queen Alexandra, nach ihren eigenen Worten „tierverrückt", erhielt von Sir Henry Knollys, Stallmeister des Königs, einen Chow als Geschenk, dieser wurde über eine Strecke von 12 000 Meilen von einem Kapitän der indischen Armee nach Sandringham gebracht. Der Duke of Kent besaß einen Chow, und die heutige Queen Elizabeth II hat viele Kindheitserinnerungen an die Chows in ihrer

Oben: *Terracotta Modell von Ch. Cheefoo, der Mutter von Ch. Akbar. Dieses Modell wurde 1936 in Frankreich von Richard Fath geformt.*

Rechts: *Ch. Choonam Hung Kwong, der einzige Chow, der auf Crufts Best in Show wurde (1936). Dieser Hund gewann auch 44 CCs.*

Verwandtschaft. Auch Staatsmänner besaßen Chows – Lloyd George hatte zwei Chows, und in der Zeit von Präsident Calvin Coolidge lebte ein Chow im Weißen Haus. Die Schauspielerin Sarah Bernhardt, der Dichter George Bernhard Shaw, Sigmund Freud, Professor Konrad Lorenz, die Rothschilds, der berühmte Dirigent Herbert von Karajan, sie alle waren Chow-Besitzer. Es gibt eine besonders hübsche Beschreibung des Chows „Pooh-Bah" in „The Bird in the Tree" von Elizabeth Goudge. Sie selbst besaß zwar keinen Chow, lebte aber in derselben Stadt wie Mrs. Martin (Nitram Chows), war offensichtlich von dem Charakter des Chows fasziniert, da sie ihn so genau beschreibt.

LEGENDEN

Es ist sicher keine Überraschung, daß drei der Legenden, die ich über Chows gefunden habe, sich auf die fast einmalige Farbe von Fang und Zunge beziehen. Die einzige andere Hunderasse, die diese Eigentümlichkeit teilt, ist der chinesische Shar Pei, der aus derselben Gegend stammt, wahrscheinlich gleichen Ursprungs ist. Das Schwarze im Inneren des Fangs soll auf böse Geister zurückgehen, hierdurch wurde der Ruf des Chows als Wachhund in Palästen und Klöstern unterstrichen. Es gibt zwei phantasievolle „Erklärungen", wie der Chow zu seiner seltsam farbigen Zunge kam. „Vor vielen hundert Jahren, als die Hundefresser noch wild durch das Land liefen, gab es einen einsamen Mönch, der hoch in den Bergen lebte, streunende Hunde zu seiner Gesellschaft aufnahm. Er war zu allen Tieren sehr freundlich, und sie waren ihm für seine Zuneigung sehr ergeben. Eines Tages wurde der Mönch schwer krank, war nicht mehr in der Lage, Holz zu sammeln, um sein Essen zu kochen, so taten sich Hunde und Tiere zusammen, um die Arbeit zu übernehmen. Zufälligerweise standen im nahegelegenen Forst einige vom Blitz getroffene Bäume, die einen Haufen von Holzkohle hinterließen. Der Chow Chow durchstöberte den Waldboden und nahm einige Holzkohlestücke auf und trug sie nach Hause. Der Affe kochte die Mahlzeiten, bis der Mönch sich wieder erholt hatte. Aber die Zunge des Chow Chow war seit diesem Tag, da er die Holzkohle auflas, schwarz gezeichnet –

ein Zeichen der guten Tat, die er aus Dankbarkeit für Großzügigkeit und Schutz dem Mönch leistete.

Eine andere Geschichte: „Als die Welt erschaffen wurde und die Sterne in den Himmel eingesetzt wurden, fielen viele kleine Stücke blauen Himmels auf die Erde. Welcher Hund durfte die Stücke auflecken?“ Li Fu gibt die Antwort: „Der Chow war es, und daher hat er seine blaue Zunge.“

Die letzte Geschichte stammt nicht aus China, sondern aus dem Nachbarland Japan. Vor vielen, vielen Jahren reiste im alten Japan ein Samurai durch eine fremde Provinz. Er überquerte ein rauhes Gebirge, als plötzlich die Dunkelheit hereinbrach. Es wäre gefährlich gewesen, die Nacht über wegen der Gefahr durch Löwen oder Wölfe im Freien zu übernachten. So eilte gerade mit Sonnenuntergang der Samurai in das einzige feste Gebäude, das er finden konnte, in eine Tempelruine. Hier fand er nicht viel Schutz, deshalb erkletterte er eine halb zerfallene Gewölbestütze, breitete sein Tuch aus und versuchte zu schlafen. Kurz vor Mitternacht wurde er durch ein schreckliches, überirdisches Heulen aufgeschreckt. Er schaute hinunter in den Hof und sah im Mondlicht hunderte und aber hunderte von Katzen aller Formen, Farben und Größen. Der Samurai versuchte, das sein Blut zum Erstarren bringende Heulen zu verstehen und bildete sich ein, einen Satz immer und immer wieder unterscheiden zu können: „Verrate uns nicht an Shippeitaro!“ „Was dieses Shippeitaro wohl bedeutet?“ wunderte sich der Samurai. Plötzlich drehten alle Katzen ihre Schwänze und verschwanden. Am nächsten Tag reiste der Samurai weiter und kam in eine nahegelegene Stadt, wo er auf Menschen traf, die in tiefer Trauer waren. Sie weinten, weil in der kommenden Nacht die hübscheste Jungfrau in der Stadt in die Tempelruine gebracht werden sollte, als Opfer und Speise für böse Geister. Diese bösen Geister traten in der Form wilder Katzen auf. Der Samurai fragte, wer oder was „Shippeitaro“ sei.

„Shippeitaro ist ein Hund, ein feiner Hund. Er ist tapfer und kräftig, aber sehr freundlich mit Kindern – er gehört unserem Führer, dem Prinzen.“ Nach den Worten brach der Samurai auf. Aber eine Stunde später kam er zurück, führte Shippeitaro an einer geflochtenen Lederleine. Shippeitaro war von goldener Farbe, hatte eine purpurfarbene Zunge – man nannte ihn einen Chow. Der Samurai steckte anstelle der Jungfrau Shippeitaro in den Käfig und trug ihn mit vier jungen Männern in den Tempel.

Mitternacht kam und das Heulen der Katzen schwoll zu einem schrecklichen Crescendo an... Plötzlich gab es einen Knall, Shippeitaro hatte in seiner Ungeduld, herauszukommen, die Türe gesprengt. Es gab einen goldfarbenen Blitz, als der elegante Hund wie ein vom Bogen geschnellter Pfeil auf die größte Leitkatze zuflog und sie förmlich in seinen Kiefern begrub. Der Samurai sprang hinunter und schlug mit einem mächtigen Hieb seines mit zwei Händen geführten Schwertes den Kopf des Riesenkaters von seinen Schultern. Die anderen Katzen waren so überrascht, daß sie völlig vergaßen wegzulaufen, und Shippeitaro bereitete ihnen allen ein schnelles Ende. Als die Dorfeinwohner all dies hörten, trockneten sie ihre Tränen, aller Schmerz war vergessen und Lob und Dank herrschte – aber das größte Lob galt vor allem Shippeitaro, dem Chow, dem tapfersten Hund in ganz Japan.“

DER NAME „CHOW CHOW“

Es ist sehr schwierig zu erklären, wie eine so alte Rasse wie der Chow zu ihrem Namen kam. Einer seiner ursprünglichen Namen war „Chao“, dies bedeutet „ein großer, primitiver, außergewöhnlicher Hund von großer Stärke“. Der Name „Ao“, der im 11. Jahrhundert v. Chr. häufig auftritt, ist wahrscheinlich eine Verstümmelung des vorangegangenen. Noch im gleichen Jahrhundert nannte man ihn auch „Man Kou“, dies bedeutete „Hund der Barbaren“ oder „Tartarenhund“. Etwa 100 n. Chr. wurde er verschiedenartig als „Mang“ bezeichnet (Hund mit vielen Haaren); auch „Chao“ (Hund von großer Stär-

ke) oder „Ti“ (roter Hund). Bei seinem Erreichen der westlichen Welt viele Jahrhunderte später nannte man die Hunde zunächst „Foreign Dog“ (fremde Hunde), dann den „Chinese Edible Dog“ (Chinesischer, eßbarer Hund). Verständlicherweise wollten die Menschen in der westlichen Welt nicht an diese Verzehrmöglichkeit erinnert werden, so adoptierten sie den Namen „Chow Chow“. Das könnte darauf zurückzuführen sein, daß vielerlei Waren, die aus China in den Westen gebracht wurden, im „Pidgin English“ als „Chow Chow“ bezeichnet wurden, es mag aber auch direkt aus dem ursprünglichen „Chao“ kommen.

Links: *Ch. Wat A Gal of Ukwong, der jüngste Champion aller Hunderassen. Sie gewann ihren Titel bereits im Alter von 7½ Monaten.*

Unten: *Der berühmte Ch. Ukwong King Solomon, im Besitz von Mrs. J. Egerton. Er errang 78 CC's, Weltrekord aller Zeiten und Hunderassen.*

Kapitel zwei

DER JUNGE CHOW CHOW

DIE SUCHE NACH EINEM WELPEN

Hat man sich endgültig entschieden, daß man einen Chow-Welpen haben möchte, ist es das Beste, nochmals zu warten, alles zu überdenken. Hat die ganze Familie zugestimmt? Es ist außerordentlich wichtig, daß jedes Familienmitglied wirklich von dieser Idee begeistert ist. Ein Chow wird sehr schnell spüren, ob man ihn mag oder nicht, wird er nicht von allen geliebt, wird er zu einem recht unglücklichen Hund, wahrscheinlich ein Kandidat für all die unendliche Traurigkeit, die mit einem Aufenthalt in einem Tierheim verbunden ist. In aller Regel hat man genügend Zeit, sich seiner und der Familie Gefühle sicher zu werden, denn meist muß man einige Zeit warten, um wirklich einen guten Chow kaufen zu können. Es ist nicht leicht, Chows zu züchten. Jeder Chow-Kenner wird bestätigen, daß das Paaren einer Hündin bestimmt keine Garantie ist, daß daraus ein Wurf entsteht. Während einer solchen nahezu unvermeidlichen Wartezeit sollte man versuchen, alles Wissenswerte über Chows zu lernen. Überraschenderweise gibt es meistens einige Chows, die viel näher zu der eigenen Wohnung leben als man annimmt, es brauchen ja keine Ausstellungstiere zu sein. Chow-Fans (Chowists), ganz gleich ob sie Ausstellungstiere oder Familienhunde haben, zeigen nur zu gerne, wieviel Stolz und Freude sie durch ihre Hunde haben, informieren neue Liebhaber. Meist lernt man vom Liebhaberbesitzer sehr viel mehr aus dem Alltagsleben eines Chows als von Hundesausstellern.

Wie findet man solche Leute? In Tageszeitungen gibt es gewöhnlich nur sehr selten Anzeigen, es gibt aber Hundespezialzeitungen, in denen manchmal Chow-Welpen zum Verkauf angeboten werden. In der Hundefachzeitschrift erfährt man Einzelheiten über Spezialausstellungen von Chows, es lohnt sich sicherlich, eine solche Ausstellung einmal zu besuchen, auch wenn man später selbst nicht ausstellen möchte. Auf solchen Ausstellungen lernt man viele Chow-Fans (Chowists) und ihre Hunde kennen, erhält wertvolle Ratschläge über Kauf wie Aufzucht eines Welpen. Hierbei hat man Gelegenheit, Einblick in die Rasse zu nehmen, sich zu vergewissern, ob dies wirklich die Rasse ist, die man selbst haben möchte. Die Zuchtvereine sind immer bereit, neuen Liebhabern zu helfen, erteilen Rat, wo man Welpen kaufen kann, wo in der Nachbarschaft Chow-Besitzer leben. Auch der Kennel Club und andere nationale Zuchtorganisationen versorgen Interessenten mit den Namen von Chow-Züchtern von gutem Ruf in der entsprechenden Gegend; hier erhält man auch die Adressen der einzelnen Zuchtvereine.

Hat man einmal den Züchter gefunden, bei dem man gerne seinen Welpen kaufen möchte, sollte man einige Zeit damit verbringen, ihn und seine Chows näher kennenzulernen. Wie sehen die eigenen Hunde des Züchters aus? Werden sie gut gehalten, gefüttert, sind sie fröhlich, selbstbewußt und werden sie offensichtlich geliebt? Sehen die Unterkünfte sauber und ordentlich aus? Wie ist der Geruch? Oder macht die Anlage den Eindruck eines Zwingers, der in erster Linie aus kommerziellen Beweggründen geführt wird, werden möglicherweise Welpen mehrerer Hunderassen des Gewinns wegen verkauft (Welpenfarmen)?

Nie sollte man von Welpenfarmen kaufen – Mitleid könnte das Gefühl auslösen, man müsse den Welpen aus dieser Umgebung retten (damit rechnen solche Verkäufer). Aber hier muß man einfach solche durchaus verständlichen und lobenswerten Gefühle unterdrücken. Es erspart unzählige Tierarztrechnungen! Die Alternative ist viel Kummer und Trauer in naher Zukunft!

Ein Züchter von gutem Ruf freut sich über alle Fragen, opfert gerne seine Zeit, um seine Hunde vorzustellen, den Käufer richtig zu beraten. Gute Züchter stellen häufig ebenso viele Fragen wie ein Käufer, denn sie wollen alles über den Käufer selbst herausfinden. Sorgfältig beobachtet der Züchter, wie potentielle Käufer sich mit seinen Chows befassen, mit ihnen umgehen, es interessiert sie, ob der Lebensstil des Käufers den Anforderungen eines Chows entspricht, ob die neue Umwelt dem Chow ermöglicht, sich gut zu entwikkeln. Oft möchte ich gerne wissen, was ein Kaufinteressent über mich denkt, denn meine Fragen erwecken leicht den Eindruck, daß ich meine Welpen überhaupt nicht verkaufen möchte! Aber es ist einfach eine Tatsache, daß ein verantwortungsbewußter Züchter keinen Welpen in eine falsche Umgebung verkaufen möchte. Gute Züchter sind bereit, sowohl zum Zeitpunkt des Verkaufs als auch in der weiteren Zukunft zu helfen, fachlichen Rat zu geben. Ein verantwortungsbewußter Züchter möchte nicht nur zufriedene Käufer, sondern er ist sehr am Wohlbefinden seiner Hunde interessiert, denn er ist verantwortlich, daß diese Hunde geboren wurden. Je mehr Zeit und Überlegung man in die Kaufplanung investiert, um so wahrscheinlicher kauft man einen gesunden, vernünftig aufgezogenen Welpen aus gesunden, gut gezüchteten Elterntieren.

WELPENAUSWAHL

Endlich kommt der aufregende Tag, man fährt zum Aussuchen des eigenen Welpen! Am besten kann man Welpen auswählen, wenn der Wurf etwa sechs Wochen alt ist. In einem Alter zwischen 6 und 9 Wochen ist gewöhnlich der Welpe eine Miniaturausgabe des erwachsenen Hundes. Nur wenig später kann es sein, daß der Hund einmal an der einen Stelle, dann an der anderen wächst, man erhält kein korrektes Bild über das künftige Ausgewogensein. Ähnlich Kindern gibt es einige unausgeglichene staksige Wachstumsperioden. Möchte man in erster Linie einen Familienhund kaufen, hat weder den Ehrgeiz auszustellen noch zu züchten, dann ist die Auswahl des Welpen recht einfach. Man kann sich ganz einfach auf einen fröhlichen, gesunden, gut ernährten, attraktiven Welpen konzentrieren, ohne sich über detaillierte Standardfragen den Kopf zu zerbrechen.

Hier muß man ganz ehrlich sein. Ein Welpe einfach als Familienhund ist manch-

Unten: *Ein wunderschöner großer Wurf blauer Chow-Welpen, in Frankreich geboren. Man achte auf die Gleichmäßigkeit der Farbe im ganzen Wurf.*

Oben: *Zwei rote kurzhaarige Welpen im Alter von sechs Wochen. Die attraktive schwarze Maske bei roten Welpen verschwindet mit zunehmendem Alter.*

mal ein wenig billiger zu kaufen als ein vielversprechender Ausstellungshund, aber es nutzt niemandem, am wenigsten der Zucht des Chows, wenn ein Hund, der großzügig nur für Liebhaberzwecke verkauft wurde, später auf Ausstellungen auftritt und man gar von ihm züchtet.

Bei der Welpenauswahl ist es wichtig, auf Gesundheit zu achten, der Welpe sollte sauber sein, angenehm riechen, klare, aufgeweckte Augen haben. Weder aus Nase noch Augen sollte Ausfluß auftreten. Auch der Fang sollte sauber sein, mit weißen (nadelscharfen!) Zähnen. Körperbau untersetzt, kräftig, gut bemuskelt, ohne irgendwelchen Fettansatz. Der Welpe sollte aktiv und fröhlich sein, voller Leben und Spielfreude. Niemals darf man einen Welpen zwingen – er muß ganz alleine auf einen zukommen. Es ist häufig zu beobachten, daß ein Welpe direkt auf den Käufer zukommt, buchstäblich seinen Käufer auswählt, man sollte aber auch etwas zurückhaltende Tiere nicht übersehen. Eine gewisse Vorsicht ist für die Rasse charakteristisch, etwas natürliche Reserviertheit darf nicht mit Furcht verwechselt werden. Hat ein Welpe erst in seiner neuen kleinen Welt Sicherheit gefunden, ist alles in Ordnung, wird er zum selbstbewußten, verläßlichen Hausgenossen. Hier muß man einfach wissen, daß zu diesem Zeitpunkt ein Welpe noch nichts über das Leben weiß, nur mit seinen Wurfgeschwistern herumtobt, bei seiner Mutter Sicherheit gefunden hat. Man sollte sich schon Zeit nehmen, dann stellt man schnell fest, ob Vorsicht oder Furcht gegeben ist.

Selbstverständlich sollte man sich auch die Mutter der Welpen zeigen lassen. Sie vermittelt eine gute Vorstellung, wie der Welpe in Zukunft aussieht, der Käufer ist dadurch in der Lage, auch das Wesen der Hündin zu beobachten. Natürlich muß man wissen, daß sie bei der Geburt und der Aufzucht der Welpen diesen vieles gegeben hat. Gerade zu dieser Zeit sieht eine Hündin ziemlich schlimm aus, hat meist völlig ihr Haarkleid verloren und ist außerdem noch unnatürlich dünn geworden. Natürlich sieht sie nicht immer so aus!

Nun zur Frage Rüde oder Hündin. Manche Leute behaupten, Hündinnen gleich welcher Rasse seien liebevoller als Rüden; andere wiederum beklagen, daß eine Hündin zweimal jährlich heiß wird, dadurch Probleme entstehen. Die tierärztliche Kunst ist weit fortgeschritten, es gibt heute verschiedene Arten, mit diesem Problem fertig zu werden. Meine eigene Erfahrung besagt, daß beide Geschlechter völlig gleichartig einem liebevollen Besitzer ergeben sind.

Aus einem Hund wird immer das, was man aus ihm macht. Widmet man ihm Zeit, Liebe und Aufmerksamkeit, wird man von jedem Geschlecht reich durch Anhänglichkeit belohnt. Deshalb glaube ich, daß die Auswahl des Geschlechts unwich-

Oben: *Byhorn Sorrel at Mei-Ping. Dieser Hund war der erste Chow, der sich für den „Pub of the Year-Wettbewerb" in 15 Jahren qualifizierte.*

tig ist, bei einem Welpen kommt es in erster Linie auf den Charakter an.

Glaubt man, daß auch nur die geringste Möglichkeit bestände, daß man einmal seinen Hund ausstellen oder mit ihm züchten möchte, dann sollte man zusätzlich zu den bereits erwähnten Punkten bei der Auswahl des Welpen prüfen, inwieweit dieser dem Rassestandard entspricht (vergleiche S. 52 ff. und Anhang). Bei der Beurteilung sollte der Züchter in der Lage sein, zu beraten und zu helfen. Den ausgewählten Hund stellt man am besten mit allen vier Läufen auf einen Tisch, prüft ob das Gesamtbild quadratisch und ausgewogen ist. Man überprüft die Zahnstellung, in einem Scherengebiß sollten die oberen Schneidezähne die unteren überlappen, die Schneidezähne in einer ziemlich geraden Linie stehen. Die Zunge muß blau sein, ohne rosa Abweichungen, obwohl in diesem Alter das Innere des Fangs und das Zahnfleisch noch nicht die endgültige Pigmentierung erreicht haben. Die Augen sollten gut geformt sein, klar und dunkel. Der Nasenschwamm ist breit, die Nüstern schwarz. In diesem Alter stehen die Ohren noch nicht immer, man sollte aber prüfen, daß sie weder zu groß noch zu dünn sind. Es ist wichtig zu kontrollieren, daß sich der Oberkopf zwischen den Ohren nicht aufwölbt. Der Hals sollte fließend in die Schultern übergehen. Kräftige Läufe mit starken, geraden Knochen, auf kleinen gerundeten Pfoten stehend, sollten nicht nur für das Auge, sondern auch beim Anfassen gerade wie eine Säule sein. Der Teil zwischen den Vorderläufen und dem kräftigen Brustkorb muß quadratisch sein, die Hinterläufe von der Rutenwurzel bis zum Boden in gerader Linie stehen. Der Abstand zwischen Sprunggelenk und Boden ist kurz, beide Läufe stehen parallel. Der Anblick von hinten sollte untersetzt und quadratisch wirken. Der Brustkorb ist geräumig, auch im hinteren Körperbereich, die Rückenlänge kurz. Die Rute ist hoch angesetzt, sollte gut über den Rücken gezogen getragen werden. In vielen Fällen besagt die Fellfarbe zu dieser Zeit nicht sehr viel über die endgültige Farbe. Blaue Hunde dunkeln meist nach, falbfarbene Hunde werden roter, cremefarbene Hunde gewinnen mehr Farbstärke, schwarze Hunde verändern sich zu einem leuchtenden Schwarz und rote können in diesem Alter noch ziemlich täuschen. Viele recht fahle rote Welpen haben älter geworden ein sehr hübsches tiefes Rot entwickelt, aber andere verändern sich dagegen zu einem noch helleren Rot.

Einige rote Welpen haben in ihrer frühen Jugend eine hübsche, tiefrote Farbe. Oft verläuft ein dünner Streifen der wahrscheinlichen späteren Farbe des Welpen in einer Linie von der Rutenwurzel bis zum Rutenende (unter der Rute, wenn diese korrekt über dem Rücken getragen wird). Über alle diese Einzelheiten detailliertere Informationen im Abschnitt über den Rassestandard (Kapitel fünf).

Es ist wichtig, sich damit im Detail vertraut zu machen, so daß man versteht, nicht nur wonach man schaut, sondern auch warum. Abgesehen von kleinen Einzelheiten kann man nicht viel falsch machen, wenn man nach einem Welpen Ausschau hält, der vom Grund aus in Quadrate paßt, in Kopf, Brust, Körper, Hinteransicht und Gesamtform. In diesem Alter ist es nahezu unmöglich, die Bewegung zu beurteilen, ist aber der Körperaufbau korrekt, ist es sehr wahrscheinlich, daß sich auch die Bewegung später als korrekt erweist. Möchte man mit seinem Chow züchten oder ihn ausstellen, ist ein genaues Studium der Ahnentafel sehr wichtig. Diese Ansammlung von Namen besagt für den Laien nicht viel, aber der Züchter sollte in der Lage sein, dem Käufer zu erklären, nicht nur welche Hunde Sieger waren oder Sieger zeugten, sondern die züchterischen Gründe, warum gerade diese Hunde miteinander gepaart wurden. Es kommt durchaus auch bei großen Siegern vor, daß sie aus einer Linie stammen, in der normalerweise wenig Siegerhunde auftreten. Dabei handelt es sich jedoch um eine vorwiegend vom Zufall abhängige Chance, die nicht oft eintritt. Am besten baut man eine eigene Zuchtlinie aus Zuchtmaterial von erfolgreichen Linien auf, hinter denen nachweislich auch Zuchterfolge stehen. Aber natürlich können auch dann keine festen Versprechungen gemacht werden. Niemand kann im Alter von acht Wochen mit Sicherheit sagen, ob ein Welpe erwachsen Ausstellungschancen hat. Auch bei vielversprechenden Welpen muß betont werden, daß dieses Versprechen nicht immer erfüllt werden wird. Wäre die Zucht so einfach, wären alle Zwinger voller Champions!

Nie sollte man einen Junghund alleine nach seinem Preis beurteilen. Nur die Tatsache, daß ein Welpe teuer ist, gewährleistet in keiner Weise, daß er gesund und gut aufgezogen ist. Preisvergleiche zwischen den Züchtern bedeuten nicht notwendigerweise, daß man mit dem billigsten oder teuersten Welpen die richtige Wahl trifft. Ich kenne einen allgemein bekannten und respektierten Züchter, dem von einem Kaufinteressenten am Telefon gesagt wurde, daß nach seinem Preisvergleich sein Jungtier nicht gut sein könne, denn es werde billiger angeboten als von allen anderen Verkäufern, bei denen er nachgeforscht habe! Es ist alleinige Sache des Käufers zu entscheiden, ob er dem Züchter vertraut. Man sollte sorgfältig zuhören, Ratschläge annehmen und letztendlich den eigenen Augen und Händen vertrauen.

VORBEREITUNGEN

Obwohl Welpen im Alter von sechs Wochen entwöhnt sind, technisch gesehen zu dieser Zeit abgegeben werden könnten, bin ich sehr davon überzeugt, daß dies zu früh

Unten: *Spiel mit dem Welpen in frischer Luft und Sonne knüpft das wichtige Band zwischen Besitzer und Hund.*

Oben: *Dieser schwarze Junghund hat einen silbernen Anflug über seinem hübschen quadratischen Körper. Sein Spielzeug ist sicher und absolut ungefährlich.*

ist, um einen Welpen aus der Hundefamilie zu entlassen. Gerade das Lernen im Spiel gehört zum Wichtigsten in der Entwicklung eines Hundes, ist ein notwendiger Faktor, damit ein Hund zu einem psychologisch ausbalancierten Lebewesen wird. So verführerisch es sein mag, dieses kleine Wollbündel, für das man sich entschieden hat, direkt mit nach Hause zu nehmen, es ist dennoch besser und vernünftiger, es bis zum Alter von acht bis neun Wochen noch bei seinen Wurfgeschwistern zu lassen. Die dazwischen liegenden Wochen kann man nutzvoll dazu verwenden, um alles für den großen Tag vorzubereiten.

Wo soll der Welpe nachts schlafen? Möchte man ihn auf die Dauer im Schlafzimmer, schadet es nichts, ihn auch bereits in der ersten Nacht hereinzunehmen; soll er aber nicht auf die Dauer im Schlafzimmer bleiben, darf man es überhaupt nicht erst anfangen und später zu verändern versuchen. Ganz gleich, welchen Platz man auswählt, er muß absolut zugfrei sein. Man vergewissere sich, daß der Raum, in dem der Junghund alleine schlafen soll, keine Elektrostecker und Drähte aufweist, an denen die winzigen Zähne kauen könnten. Schon ein erster Überblick zeigt, daß es meist mehr Gefahrenquellen gibt als man für wahrscheinlich hält, elektrische Leitungen sind wirklich sehr ernsthafte Gefahren.

Ist der Gartenbereich gut und sicher eingezäunt? Öffnet man für Besucher die Vordertür, kann dabei versehentlich der Junghund auf die Straße hinauslaufen? Die Sicherheit kann zum großen Problem werden; nachdenken und wahrscheinlich auch einige vorsorgliche Arbeit jetzt sind besser als wenn der Welpe später zeigt, wie gefährlich es ist – dann kann es schon zu spät sein!

Man muß Einkäufe machen, sollte sich dabei einige Käufe verkneifen. Als erstes fällt einem Spielzeug ein, es gibt sicheres und unsicheres! Man hüte sich vor Spielzeug, das zu weich ist oder überflüssige Teile wie Arme, Augen, Beine oder

Schwänze hat. Diese könnten möglicherweise abgekaut und heruntergeschluckt werden. Vorsicht vor kleinen Bällen, der Hund könnte sie herunterschlucken oder der Ball könnte sich in der Luftröhre festsetzen. Einfaches Spielzeug ist meist das beste. Meine Junghunde haben größtes Vergnügen daran, mit harmlosen Pappkartons zu spielen, zum Beispiel leeren Corn Flakes-Schachteln, aber man muß aufpassen, daß man keinesfalls Schachteln gibt, die Metallklammern haben. Unterwäsche, mehrfach zusammengeknotet, kann ein anderes Lieblingsspielzeug werden. Auch ein Stück nicht splitterndes Hartholz kann Hunden viele vergnügte Stunden bereiten, hierfür braucht man kein Vermögen auszugeben. Genau wie Kinder haben auch junge Hunde meist an billigen Spielsachen das größte Vergnügen. Aber das wichtigste ist, ganz gleich ob das Spielzeug gekauft oder improvisiert wird, jedes muß gründlich vor Gebrauch auf absolute Sicherheit geprüft werden.

Einen anderen „Wunschkauf" sollte man sich auch verkneifen, nämlich ein eigenes Hundebett. Abweichend zu den meisten anderen Hunderassen scheinen gerade Chows solche überhaupt nicht zu schätzen. Es gibt natürlich Ausnahmen von jeder Regel, so bin ich ganz sicher, daß einer meiner Leser zu Hause einen Chow hat, der Hundebetten geradezu liebt. Dies ändert aber nichts daran, daß die meisten Chows Hundebetten zu ignorieren scheinen, dafür eine alte saubere Decke oder ein Stück synthetisches Fell (Vetbett) lieben.

Man braucht einen Futternapf mit solidem Boden und eine Wasserschüssel. Notwendig sind auch eine passende Drahtbürste und ein Stahlkamm, da man den Junghund täglich einige Minuten bürsten und kämmen muß. Halsband und Leine braucht man anfangs eigentlich nicht, in der Regel wächst ein junger Hund noch um einiges, ehe er nach Abschluß der Schutzimpfungen auf die Straße geführt werden kann.

Eine der nützlichsten Anschaffungen ist eine Art Laufstall, diesen kann man meist beim Fachhandel kaufen. Er besteht aus Metall, ist entsprechend viel stärker als hölzerne Laufställe, wie man sie für Kinder kauft. In der Regel kann man sie auch in der Größe erweitern. Für einen Chow-Junghund würde ein Kinderlaufstall schnell zu klein werden. Mein eigener, mir unersetzlich gewordener Laufstall besteht aus Feldern, die ursprünglich als Kamingitter dienten. Natürlich kann man bei einiger handwerklicher Geschicklichkeit selbst seinen eigenen, handgefertigten Laufstall herstellen. Man wird ihn häufig brauchen können – wenn das Telefon läutet, wenn Besucher an die Tür kommen, wenn man kocht, wenn man über kurze Zeit den Welpen sicher allein lassen möchte, usw. Nie darf man aber den Junghund zu lange allein lassen, ein Laufstall ist keine Entschuldigung für die Vernachlässigung eines Welpen, sondern ein Sicherheitsfaktor.

Ein zweiter unerläßlicher Gegenstand für die Junghundaufzucht ist eine Kindertür aus Metall. Hierdurch erhält der Junghund mehr Freiheit als durch den Laufstall, dennoch hat man die Sicherheit, daß der Junghund in dem Bereich bleibt, in dem er soll. Eine solche Tür verhindert auch, daß der Junghund Treppen hinauf- und hinunterläuft. Da solche Türen überall anwendbar sind, kann man sie auch dann noch verwenden, wenn der Junghund herangewachsen ist.

Beim Futterkauf achte man auf den Rat des Züchters. Es ist außerordentlich unklug, anfangs das Futter zu wechseln, an welches der Junghund gewöhnt ist. Selbst wenn man später die Futtermittel oder die Marke wechseln möchte, sollte man dies nie sofort tun. Selbst später sollte man solche Umstellungen nur nach und nach durchführen, letztendlich möchte man keinen Hund mit Magenbeschwerden.

DAS NACHHAUSEKOMMEN

Jetzt ist alles vorbereitet, der Welpe kann kommen. Es ist wichtig, daß man beim Abholen nochmals überprüft, daß der Welpe in jeder Hinsicht einen gesunden Eindruck macht. Die meisten Züchter lassen kurz vor der Abgabe der Welpen diese durch ihren Tierarzt kontrollieren, in Europa werden die Welpen in aller Regel bereits beim Züchter durchgeimpft, dabei wird auch der gesamte Gesundheitszustand überprüft. Ob dies nun erfolgt ist oder nicht, kein verantwortungsbewußter Züchter wird etwas dagegen haben, daß der Welpe durch einen vom Käufer ausgewählten Tierarzt auf Wunsch nochmals untersucht wird.

Ehe man seinen Welpen übernimmt, sollte man sich eine Quittung über den Kaufpreis geben lassen, gleichfalls die Ahnentafel des Jungtiers. Möglicherweise liegen zum Abgabetermin die vom Rassehundezuchtverein aufgefertigten Ahnentafeln noch nicht vor, dann sollte man sich aber vergewissern, daß der Wurf ordnungsgemäß durch den anerkannten Rassezucht-

Oben: *Zwei wunderschöne Junghunde, die fröhlich im langen Gras spielen. Man beachte die klaren, dunklen Augen und die kleinen dicken, abgerundeten Ohren.*

verein abgenommen wurde, die Ahnentafel unverzüglich vom Züchter ohne Zusatzkosten nachgesandt wird.

Vom Züchter erhält man einen genauen Futterplan mit Futterzeiten, Futtermengen und Zusammensetzung der einzelnen Mahlzeiten. Diesen Plan sollte man zumindest über die erste Woche strikt einhalten, dadurch kommt es in aller Regel zu keinerlei Magenverstimmung über den Besitzwechsel. Viele Züchter geben den Käufern auch einen Erstvorrat der Futtermittel mit, an die der Welpe gewöhnt ist, um so sicher über die ersten Tage zu kommen, zu gewährleisten, daß der Junghund auch in neuer Umgebung gut frißt.

Man erkundige sich, wann der Welpe mit welchem Wurmmittel zuletzt entwurmt wurde. Je nachdem erfolgte dies mit vom Tierarzt erhaltenen Wurmpasten oder Tabletten, in England häufig mit einer Welpenentwurmungsflüssigkeit, die fertig gekauft wird. Man achte darauf, daß man zu gegebener Zeit mit dem richtigen Wurmmittel die Wurmbekämpfung fortsetzen kann.

Einige Züchter – insbesondere in England – versichern den Welpen über die ersten Wochen nach der Abgabe gegen Verlust oder Krankheit. In den deutschsprachigen Ländern ist dies in aller Regel nicht der Fall, die angebotenen Krankenversicherungen sind meist teuer. Wenn man an einen Versicherungsschutz denkt, sollte man hier sehr sorgfältig das Kleingedruckte lesen, darauf achten, welche Risiken wirklich abgedeckt sind, wie hoch die Selbstbeteiligung an Tierarztkosten ist, usw. In aller Regel wichtiger – selbst für gerade gekaufte Welpen – ist eine Haftpflichtversicherung.

Die tierärztlichen Kontrollen bei Abgabe oder Übernahme geben eine hohe Sicherheit, einen gesunden Welpen zu übernehmen. Für später auftretende Erkrankungen kann man in aller Regel den Züchter nicht verantwortlich machen.

EINGEWÖHNUNG

In seiner neuen Heimat wird der Welpe zunächst alles sehr fremd finden. Er war noch nie auf sich selbst gestellt, nur mit seinen Wurfgeschwistern zusammen, nichts riecht oder sieht so aus wie zuvor beim Züchter. Aber dank der Liebe und Betreuung seines neuen Herrn wird er sich schnell umgewöhnen. Man achte darauf, daß, wer immer den Junghund anfaßt, Familienmitglied oder Besucher, dies mit großer Vorsicht und Einfühlsamkeit tut. Rohes oder gedankenloses Behandeln führt zu seelischen wie körperlichen Störungen, die möglicherweise nie mehr ausheilen. Man achte darauf, daß immer, wenn der Junghund hochgehoben wird, dies mit zwei Händen erfolgt, eine Hand tragend, die andere von unten stützend. Nie darf jemand den Hund an den Vorderläufen hochheben. Man muß sehr darauf achten, daß der Welpe nicht fallengelassen wird. Kleine Kinder dürfen mit dem Welpen nur am Boden und unter Aufsicht spielen. Beim Öffnen und Schließen von Türen muß man sehr aufpassen, nur zu leicht wird ein Welpenpfötchen schmerzvoll eingeklemmt.

Natürlich möchte jedermann mit diesem kleinen „Teddybär" spielen, aber so wichtig das Spiel ist, nicht weniger wichtig ist genügend Ruhe und Schlaf für den Welpen. Ähnlich einem heranwachsenden Baby brauchen Welpen sehr viel Schlaf, hierzu dienen feste, ungestörte Ruhezeiten. Anfangs liegen zwischen den Mahlzeiten recht lange Schlafperioden, nur sehr kurze Spielperioden. Nach und nach werden die Schlafzeiten weniger, bis etwa im Alter von sechs Monaten der Junghund nur täglich eine Ruhezeit braucht, am besten nach seiner Mittagsmahlzeit.

Erziehung zur Stubenreinheit gehört in der Regel zu den kleinen Problemen. Gerade der Chow ist im Normalfall ein außerordentlich reinliches Tier, er verabscheut es, seinen Lebensbereich schmutzig zu machen. Zuweilen werden Welpen dazu erzogen, Zeitungspapier als Toilette zu nutzen (tatsächlich erziehen sie sich in erster Linie selbst). Hierdurch kann sich die Notwendigkeit ergeben, wenn sie ihre Toilette jetzt im Garten finden sollen, sie hierzu anzuleiten. Man muß ihn beim Aufwachen, nach dem Fressen und wann immer man glaubt, er müsse sich lösen, nach draußen bringen, er lernt schnell, was man von ihm wünscht. Es ist immer der Fehler des Menschen, nicht des Hundes, wenn man ihn zu lange in der Wohnung hält. Er ist noch immer ein Welpe, wenn er einen

Unten: *Die Autorin mit zwei sechs Wochen alten Welpen. Man beachte den breiten Oberkopf und die starkknochigen Läufe mit wohlgerundeten Pfoten.*

Drang verspürt, dann muß er sich lösen. Über ein paar Wochen braucht er eventuell über die Nachtzeit Zeitungspapier, aber nach nicht langer Zeit wird er die Nacht über trocken sein. Dies kann man durch vernünftige Verwendung eines Schlafkäfigs fördern.

Fütterung

Es gibt nahezu ebenso viele Futterpläne wie Züchter. Das beste für den neuen Hundebesitzer ist, zunächst dem Futterplan des Züchters zu folgen. Der Grundaufbau aller dieser Pläne ist weitgehend identisch, nur in Details gibt es Abweichungen. Zwei wichtige Grundregeln sind zu beachten. Als erstes: Ein heranwachsender Junghund kann sich nur mit dem wirklich besten Qualitätsfutter richtig entwickeln. Man sollte nie versuchen, mit billigen Alternativfuttern sparen zu wollen. Als zweites ist zu beachten, daß mit dem Heranwachsen des Junghundes auch sein Appetit größer wird. Es ist erschreckend zu hören – was einigen Züchtern tatsächlich passierte – daß die Welpenkäufer nur die empfohlene Futtermenge für die ersten Tage weiter fütterten, die Mengen nicht dem Wachstum anpaßten. Als Empfehlung habe ich meinen eigenen Futterplan auf dieser Seite abgedruckt.

Zusätze an Kalk, Vitaminen und Mineralien sind für einen heranwachsenden Junghund wichtig. Neuere Forschungen haben aber gezeigt, daß ein Zuviel mehr schadet als nützt. Moderne Hundefuttermittel, Hundekuchen, Trockenfutter oder Büchsen enthalten die notwendigen Zusätze, dies muß man wissen, wenn man noch etwas Zusätzliches tun möchte. Die richtigen Ratschläge in alten Büchern bedürfen heute der Korrektur, weil damals das Hundefutter nicht so wissenschaftlich ausbalanciert war wie heute. Die wichtigste Zeit für Zusatzstoffe liegt in der Periode des stärksten Wachstums, das bedeutet zwischen 6 und 16 Wochen. Es gibt gute, richtig ausgewogene Zusatzstoffe auf dem Markt, die alles Notwendige enthalten, diese sind in der Regel besser als eine zusammengewürfelte Tablettensammlung zu verabreichen. Man halte sich vor Augen, daß mit zuviel Zusatzstoffen ebenso viel Schaden angerichtet werden kann wie mit zu wenig.

Vom Züchter erfährt man, wieviel der Welpe zum Zeitpunkt der Abgabe täglich frißt. Der Junghund wächst aber schnell, entsprechend wird sein Appetit größer werden. Ratsam ist eine wöchentliche Anpassung. Aber am Welpen selbst erkennt man am besten, wieviel Futter er braucht.

Chows sind im allgemeinen nicht futtergierig, fressen nicht mehr als sie brauchen.

Futterplan für Junghunde

6–12 Wochen	**4 Mahlzeiten täglich**
Frühstück	Getreideflocken oder Kindernährmittel mit warmer Milch und Glukose oder leicht gekochtes oder geschlagenes Ei mit einem mit Butter betrichenen Vollkorntoast, ergänzt durch eine Schale Milch.
Mittagessen	Hochwertiges gekochtes Rindfleisch, kleingeschnitten vom Metzger (oder kleingeschnittenes Geflügelfleisch), ergänzt durch erstklassige Welpenfuttermischung, eingeweicht in Brühe und warm verfüttert. Ab und zu wird das Fleisch durch gekochten Fisch (ohne Gräten) oder durch kleingeschnittenen Käse ersetzt.
Teezeit (ca. 17.00 Uhr)	Reispudding oder gebackene Eierpastete oder Rührei mit Milch oder Zeralien mit Milch.
Abendessen	Wie Mittagessen.

12 Wochen bis 6 Monate – 3 Mahlzeiten täglich

Frühstück, Mittagessen und Abendessen wie zuvor, die Zwischenmahlzeit um 17.00 Uhr fällt aus.

6 bis Monate – 2 Mahlzeiten täglich

Die morgendliche Zeralienfütterung fällt aus.

12 Monate und älter – 1 Mahlzeit täglich

Der Hund sollte jetzt an ein gutes, industriell hergestelltes Komplettfutter gewöhnt sein, erhält nur gelegentlich als Appetitanregung noch etwas Proteinzusatz.

Oben: *Junghunde sollte man mit separaten Futterschüsseln füttern. Diese Schüssel enthält mit Brühe zubereitete Welpenflocken und Fleisch. Ein gesunder Welpe hat immer guten Appetit.*

Jeder Chow ist ein Individuum, läßt entweder etwas stehen oder zeigt, daß er mehr Futter braucht. Poliert der Junghund sehr rasch seine Futterschüssel und hält Ausschau nach mehr, dann sollte man die Futtermenge vergrößern. Aus gutem Grund nannten wir einen unserer Chows „Oliver Twist"! In einer französischen Hundezeitung las ich, die korrekte Futtermenge entspräche der Größe des Hundekopfes. Für mich eine neuartige Idee, die ich noch nicht ausprobiert habe, aber es könnte möglich sein?

Nie darf man Futter direkt aus dem Kühlschrank anbieten. Warmes Futter ist für Hunde immer das richtige, aber es darf natürlich nicht zu heiß sein. Der Hund muß bei Bedarf stets sauberes, frisches Trinkwasser finden können.

Schutzimpfungen

Etwa im Alter von 12 Wochen wird dringend Schutzimpfung gegen Hartballenerkrankung, Staupe, Hepatitis, Leptospirose und Parvovirose empfohlen. Vor diesem Zeitpunkt hat der Junghund noch Schutz durch von seiner Mutter übertragene Antikörper. Am besten berät man Einzelheiten mit dem Tierarzt. In der Regel enthält eine Spritze alle notwendigen Impfstoffe. Meist bedarf es zweier Impfungen, und es ist wichtig, daß man vor Abschluß des Impfprogramms den Junghund nicht in infizierte Bereiche (Spaziergänge außerhalb des Grundstücks oder Ausstellungen) führt oder in Kontakt mit anderen Hunden bringt.

Erziehung

Mit der Erziehung zur Leinenführigkeit kann man bereits zu Hause beginnen, noch

ehe man mit dem Hund spazierengehen kann. Man achte darauf, daß man das richtige Halsband und die richtige Leine kauft. Das Halsband sollte immer rundgenäht sein, nicht flach, es muß dem Junghund sofort passen, er sollte nicht erst hineinwachsen. Allgemein für die Erziehung empfohlene Zughalsbänder sind für einen Chow nicht geeignet. Sie verfangen sich im Fell, und Chows reagieren grundsätzlich auf diese Art von Beschränkung mit einigem Widerstand. Braucht man dennoch ein solches Halsband, muß auch dieses rundgenäht sein, keinesfalls wähle man einen Kettenwürger. Auch ein Brustgeschirr ist keine gute Idee, denn es schädigt das Haarkleid und kann sogar das korrekte Wachstum von Brust- und Schulterpartie beeinträchtigen.

Die Leine braucht einen sehr sicheren Verschluß. Ich empfehle den starken und sicheren Bajonettverschluß. Nie sollte man versuchen, den Welpen gleichzeitig an Halsband und Leine zu gewöhnen. Zunächst legt man dem Junghund nur das Halsband an. Manche stören sich überhaupt nicht daran. Beginnen sie aber zu kratzen, versuchen sich davon zu befreien, sollte man sie ablenken, meist vergessen sie schnell das Problem. Man beginnt mit kurzen Perioden täglich, verlängert sie so lange, bis sich der Junghund daran gewöhnt hat; stets wird er tüchtig gelobt, und nach kurzer Zeit hat er sich an das Halsband gewöhnt. Dann versuche ich, mit ihm im Garten ohne Leine zu gehen, wobei er auf der linken Seite laufen soll. Als erstes gehe ich mit ihm, spreche ihn mit Namen an, versuche seine Aufmerksamkeit auf mich zu lenken. Wenn es gelingt, seine Aufmerksamkeit wirklich zu konzentrieren, dreht er sich auch mit dem Führer um, hält sich immer an seiner Seite. Für ihn ist dies ein großartiges Spiel, das immer nur ein paar Minuten gespielt wird, etwa zweimal täglich, bis dieses Spiel für ihn zur zweiten Natur geworden ist.

Erst wenn der Hund diese Übung gelernt hat, lege ich die Leine an, gehe mit ihm auf und ab, an so loser Leine, daß er keinen Widerstand leistet. Die neue Leine gibt ihm kein Gefühl von Einengen, deshalb braucht er auch nicht dagegen anzukämpfen. Hat man weniger Glück und einen Hund, der gegen die Leine kämpft, ist das schlimmste, was man tun kann, an der Leine zu ziehen in der Hoffnung, den Hund so unter Kontrolle zu bekommen. Viel besser geht man mit dem Hund jetzt dahin, wo immer er will, das solange, bis er begriffen hat, daß die Leine für ihn keine Probleme auslöst. Was immer man tut, man sollte es nie auf einen Zusammenprall der jeweiligen Willensstärken ankommen lassen. Gerade bei einem Chow ist freundliche Überredung immer die beste Lösung. Man kann diese Hunde nie zuviel loben, die Lektionen müssen kurz und freudig verlaufen, nur dieser Weg führt zum Erfolg.

Ist der Welpe voll geimpft und leinenführig, fertig zum ersten Ausgang, muß man darauf achten, das Jungtier nicht zu überstrapazieren. Anfänglich reicht ein täglicher Spaziergang von 5–10 Minuten völlig aus. Selbst wenn der Hund ein Jahr alt geworden ist, sollten die Spaziergänge nicht zu lang werden, sonst könnten sich die sich festigenden Knochen verformen.

Von Anfang an sollte der Welpe bereits vom Züchter dahin erzogen werden, daß er sich zur Fellpflege auf den Tisch stellt. Diese Arbeit sollte der Käufer vom ersten Tage an fortsetzen. Hat man einen sehr lebhaften Junghund, muß man sehr vorsichtig sein, daß er nicht vom Tisch fällt. Der Tisch muß groß genug sein, um dies zu verhindern, aber nicht so groß, daß der Hund meint, er sei auf dem Fußboden! Dieser Tisch darf auch keine glatte Oberfläche haben, sollte keinesfalls wackeln. In diesem Alter ist die Haarpflege mehr Erziehungsprogramm als zwingende Notwendigkeit für die Fellpflege. Aber durch diese täglichen paar Minuten (mehr braucht man wirklich nicht) lernt der Junghund genießen, gebürstet und gekämmt zu werden, unterwirft sich der täglichen Kontrolle von Zähnen, Augen und Ohren, was seiner Gesundheit zugute kommt, aber auch von ganz besonderer Wichtigkeit ist, wenn er später im Ausstellungsring vorgestellt werden soll. Man verwendet immer die korrekte, flache Drahtbürste und einen guten Stahlkamm. Man achte sorgfältig darauf, dem Junghund nie weh zu tun, indem man zu stürmisch darangeht oder mit dem Kamm Knoten aufzieht. Das Fell des Chows wird immer von der Rute zum Kopf hin bearbeitet, denn das Haarkleid steht in dieser Richtung. Wie alle Übungen sollte auch die Fellpflege für den Hund ein großes Vergnügen sein, das beste Zeichen ist, wenn er beim Erblicken von Bürste und Kamm angelaufen kommt.

Obwohl man sich immer darum bemüht, seinem Junghund das Leben ange-

Unten: *Erziehung des Junghundes zur Leinenführigkeit. Man muß den Hund laufend beobachten, so daß man sich auf gleicher Höhe bewegt, immer mit lockerer Leine.*

nehm zu machen, kommt unausweichlich auch der Zeitpunkt, da man den Hund korrigieren muß. Auf Korrekturen reagiert ein Chow sehr empfindlich, man muß dies vorsichtig und mit Überlegung angehen. Nie sollte man den Chow anschreien. Man braucht nur einen festen Ton, benutzt dabei ein Wort, das er kennen muß, das die Bedeutung von „NEIN!“ hat. Ein leichter Klaps auf das Hinterteil zur gleichen Zeit hilft dazu, daß er versteht, daß er etwas Falsches getan hat, nie darf es aber ein harter Schlag sein. Ein Chow hat vor einer zusammengefalteten Zeitung größten Respekt, auch wenn man diese nur auf die eigene Hand klatschen läßt, nicht auf den Hund. Aber eine solche Zeitung hat man nicht immer zur Hand. Sichert man sowohl den benutzten Kommandos wie im Zeitpunkt des Gebrauchs eine gewisse Gleichmäßigkeit, lernt der Hund schnell, wann er etwas falsch gemacht hat. Es ist von größter Wichtigkeit, daß jegliche Zurechtweisung exakt zur Zeit des falschen Tuns erfolgt, anderenfalls kann ein Hund nicht verstehen, warum man unzufrieden ist. Das wichtigste von allem aber ist, daß man schnell vergibt, dem Hund klarmacht, daß man ihn noch immer liebt. Nie, gar nie darf man seinen Hund abends auf sein Lager schicken, ohne daß er weiß, daß man ihm vergeben hat, daß man ihn liebt.

Unten: *Ausbildungsstunden (Minuten) sollten für den Hund immer kurz und erfreulich sein. Dieser Junghund geht freudig an der Leine, verdient tüchtiges Lob.*

Kapitel drei

DER ERWACHSENE CHOW CHOW

FÜTTERUNG

Hat der Chow ein Alter von etwa 12 Monaten erreicht, halten es die meisten Halter für ausreichend, täglich eine Hauptmahlzeit zu füttern. Gefüttert wird immer zur gleichen Zeit, den Zeitpunkt kann man nach den Anforderungen des Haushaltes bestimmen. Ich füttere gerne am frühen Abend, weil jedes Tier nach dem Fressen sich am liebsten ruhig schlafen legt.

Bei der Auswahl des richtigen Futters für den Chow ist es wichtig, darauf zu achten, daß diese Rasse nicht so viel Fleisch verträgt wie die meisten anderen Hunde. Übertreibt man den Fleischanteil, ist es außerordentlich wahrscheinlich, daß beim Chow Hautprobleme auftreten. Diese Hunde scheinen fähig zu sein, problemlos andere Formen von Protein zu vertragen, etwa Käse, Eier, Fisch u.a.

Am besten geeignet für Chows erscheint modernes Komplettfutter, in dem alles ent-

halten ist. Nur gelegentlich wird als Geschmacksanreiz etwas Fleisch (frisch oder aus Büchsen) zugesetzt. Füttert man mit Trockenfutter, muß man darauf achten, daß es sich um ein bereits aufgeschlossenes Produkt (Hundekuchen oder -mehl) handelt. Anderenfalls könnte die Gasbildung im Magen, die eintritt, wenn Trokkenfutter naß wird, das sehr gefährliche Problem einer Magenumdrehung auslösen, die zum Tode eines Hundes führen kann. Unter diesem Vorbehalt und bei Gebrauch eines Qualitätsfutters einer angesehenen Markenfirma ist die Auswahl der Marke weitgehend eine Frage der Geschmacksknospen des Einzelchows. Es empfiehlt sich, der Abwechslung wegen verschiedene Geschmacksrichtungen anzubieten. Auch wir mögen täglich nicht immer das gleiche!

Ähnlich Menschen werden einige Hunde bereits bei sehr wenig Nahrung fett, andere fressen viel und bleiben immer schlank. Als groben Anhaltspunkt nenne ich etwa 400 g je Mahlzeit, aber man findet schnell heraus, was der Stoffwechsel des einzelnen Hundes wirklich erfordert. Die meisten Chows neigen nicht dazu, sich zu überfressen, aber es gibt einige wenige.

Modernes Hundefutter enthält sorgfältig ausgewogen Vitamine und Mineralien. Es ist nicht angezeigt, hier Zusätze zu geben, man könnte mehr schaden als nutzen.

Auch kann ich nicht raten, dem Chow Knochen zum Kauen zu geben. Dies kann nicht nur Verstopfungsprobleme auslösen, ich habe auch Fälle gesehen, wo die Kauaktion die Gaumenpigmentierung so abgescheuert hat, daß sie nie wieder völlig regenerierte. Die Chows, von denen ich berichte, kannte ich persönlich gut, ich habe selbst vor dem Kauen vorzügliche Gaumenpigmentation festgestellt, es handelt sich also nicht um Erfindungen der Hundebesitzer!

Insbesondere bei Fütterung von Trokkenfutter muß für die Hunde jederzeit sauberes frisches Trinkwasser zugänglich sein.

Unten links: *Ch. Treble Chance at Tanlap. Ein vorzügliches Exemplar der schwarzen Chows, in den Jahren 1986, 87 und 88 Top Stud Dog (Our Dogs).*

Unten: *Ch. Fort Knox Here's the Tiger at Towmena. Chow des Jahres 1985, Top Stud Dog (Dog World) 87, Top Utility Stud 88.*

BEWEGUNG

Die Frage nach der erforderlichen Bewegung hängt im großen Maße von den Wohnverhältnissen ab. In der Stadt ist es wahrscheinlich, daß man täglich mit seinem Chow spazierengehen muß, beim Leben auf dem Land mit großem Garten und Haltung mehrerer Chows, die miteinander spielen und sich gegenseitig bewegen, braucht man einen Spaziergang nur, um den Hunden geistige Anregung zu bieten. Von größter Bedeutung ist, daß man jederzeit seinen Chow kontrollieren kann. Nie sollte man ihm erlauben, alleine herumzustreunen. Nur sehr wenige Chows sind tatsächlich so verläßlich, daß man sie unangeleint mitnehmen kann. Diese Hunde haben ihren eigenen, starken Willen. Besitzt der Chow keine erfolgreiche Unterordnungserziehung (die nur wenige Chows besitzen), sollte man den Chow immer an der Leine bewegen. Hundebesitzer sind dafür verantwortlich, wenn der Hund nachbarschaftliches oder öffentliches Gebiet verunreinigt, müssen für eine entsprechende Reinigung sorgen.

ZUSAMMENLEBEN

Der Chow ist ein hochintelligentes Tier, er ist auf Gesellschaft und Freundschaft des Menschen in besonderem Maße angewiesen. Er schätzt es sehr, angesprochen zu werden, gleichberechtigt behandelt zu werden. Völlig unabhängig davon, wieviele Chows man besitzt, nie darf man einen Chow ähnlich einem im Käfig gehaltenen Tier im Zoo behandeln, sie alle brauchen ihre Anerkennung als persönlicher Freund und Familienmitglied. Werden die Hunde so behandelt, erwachsen für Mensch und Hund viel Freude und Befriedigung.

REISEN

Die meisten Chows lieben es, mit im Auto zu fahren. Nach meiner Erfahrung sollte man damit schon im frühen Jugendalter beginnen. Der Sicherheit dient eine Transportkiste oder ein Käfig mit bequemen Decken, nur selten kommt es dann zur Reiseübelkeit. Sind die Junghunde erst einmal aus der Box herausgewachsen (etwa mit 5 Monaten), haben sie gelernt, daß Reisen interessant ist, Spaß macht. Zu diesem Zeitpunkt sind sie dann alt genug, um sicher als Wächter im Fond zu reisen. Ich lege dabei meine Hunde an eine Sicherheitsleine, die an einem Ring im Autoboden befestigt ist, so daß die Hunde nicht herausspringen können, wenn eine Tür geöffnet wird. Zur besseren Ventilation sind kleine Fenstergitter hilfreich, sie reichen aber nicht aus, um an einem heißen Tag den Wagen genügend kühl zu halten. In einem Auto können bei warmem Wetter sehr schnell außerordentlich hohe und gefährliche Temperaturen entstehen. Dann wird das Auto zu einer stählernen Folterkammer von bis 93° C. Bereits bei 46° C kann es zu Gehirnschäden kommen. MAN DARF SEINEN HUND NIE IM GEPARKTEN AUTO ALLEINE LASSEN!

Leidet ein Hund an Reisekrankheit, gibt es hiergegen recht wirksame Spezial-Tabletten. Man darf keine Tabletten aus der

Links: *Ch. Chamcroft Christmas Holly; Rassebeste Crufts 1987 und 89. Top winning puppy 86, top winning Chow 87 und 88.*

Oben: *Ch. Towmena Impudent Miss. Diese mehrfache CC-Gewinnerin trägt den richtigen Namen, auf Crufts 1986 wurde sie Rassebeste.*

Humanmedizin verwenden, hier besteht die Gefahr einer Überdosierung. Man beginnt immer mit niedriger Dosierung und vergrößert diese langsam, bis man die richtige Menge herausfindet. Dank solcher Fürsorge verlieren die meisten Hunde bald jede Reisekrankheit.

PFLEGE

Regelmäßige Fellpflege mit korrektem Werkzeug ist notwendig. Hierfür braucht man eine Drahtbürste, deren Drähte auf gebogenem Sockel dicht nebeneinander stehen. Zusätzlich einen Stahlkamm mit Abstand der einzelnen Zähne von 3 mm (vergleiche Kapitel 5, Seite 59). Man stellt seinen Chow auf einen stabilen Tisch mit nicht schlüpfriger Oberfläche, woran er von Jugend an gewöhnt wird. Als erstes bürstet man die Oberfläche des Fells durch, um Staub zu entfernen. Bei Verfilzungen werden diese vorsichtig gelöst. Dabei hält man das Fell flach mit der einen Hand, während die andere die Haare auf der Hand in Richtung Kopf bürstet. So wird

1 

Oben: *Der Chow wird auf einen stabilen Tisch mit nicht schlüpfriger Oberfläche gestellt, mit der Drahtbürste der Schmutz auf der Oberfläche entfernt.*

Unten: *Besonders bearbeitet werden Verfilzungen rund um die Ohren. Vorsichtig wird das Fell mit den Werkzeugen gelokkert.*

2 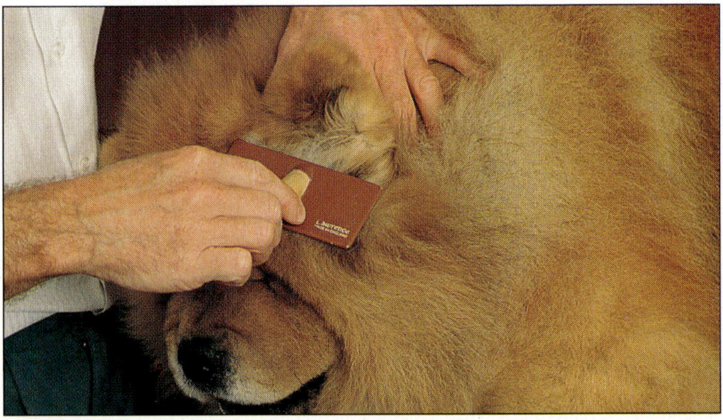

Unten: *Bürsten der Läufe. Die kurzen Haare an den Läufen werden gebürstet, dabei wird die Befederung nach hinten gebürstet.*

Rechts: *Man muß vorsichtig sein, beim Bürsten der Hinterseite darf man weder Hoden noch Scheide verletzen. Am besten bedeckt man diesen Körperteil mit der freien Hand.*

3 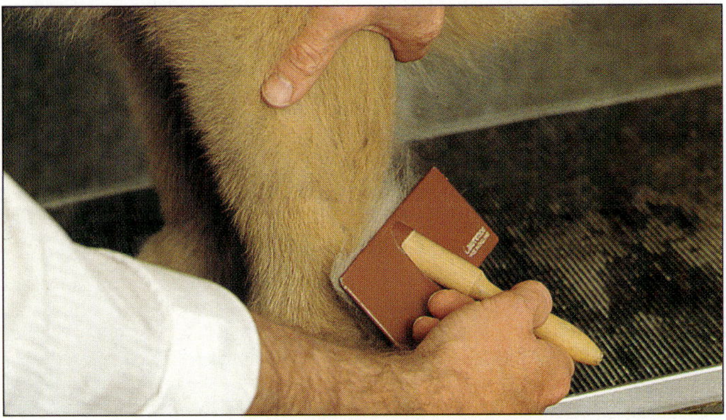

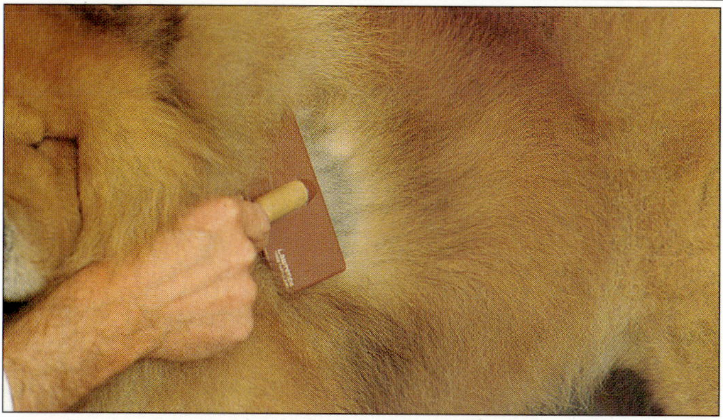

4

Oben: *Das Fell wird sorgfältig geteilt, der ganze Körper bis auf die Haut durchgebürstet. Vorsicht, die Haut darf nicht zerkratzt werden.*

Unten: *Das Bürsten der Hosen. Bei diesem dicht behaarten Körperteil braucht man die zweite Hand, die beim Teilen des Fells hilft.*

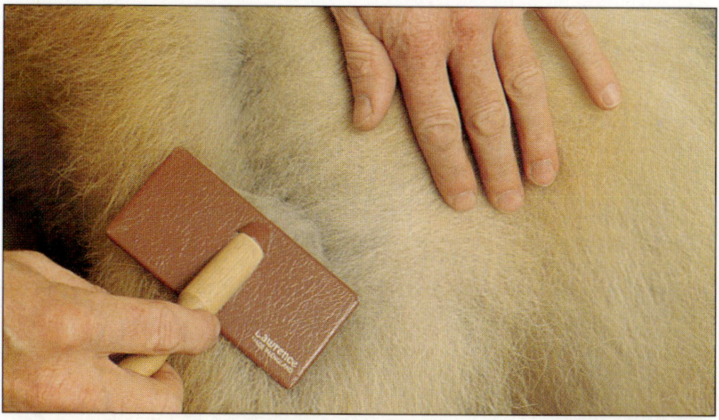

5

6

der ganze Chow gebürstet, man beginnt hinter dem Kopf und arbeitet systematisch in gleicher Richtung bis zur Rute. Brustkorb und Körperunterseite werden vorsichtig bearbeitet. Besondere Sorgfalt ist angezeigt hinter den Ohren und unter den Vorderläufen.

Leicht kommt es, wenn man nicht aufpaßt, zu Verknotungen. Für das kurze Haar an den Läufen benutzt man den Kamm, das Fell oberhalb des Sprunggelenks wird nach oben gekämmt. Man prüft, ob die Ohren sauber sind, wischt sie, so erforderlich, zart mit etwas Watte aus. Auch die Augen werden trocken abgewischt. Zum Abschluß erfolgt ein nochmaliges Durchbürsten des Fells von der Rute in Richtung Kopf, hierdurch wird die Schönheit des Haarkleides betont.

Der Rassestandard des Chows unterstreicht besonders, daß ein künstliches Kürzen des Haars nicht erlaubt ist. Deshalb wird unordentlicher Haarwuchs – besonders um Mähne und Ohren – zwischen Finger und Daumen leicht ausgezupft. Bei einigen Chows wächst sehr viel Haar unter den Pfoten, dies kann man bis zu den Ballen mit einer Schere zurückschneiden, aber jeder weitere Gebrauch der Schere ist verboten.

Wie andere Hunde wechselt der Chow jährlich zweimal das Fell, auch nach der Geburt tritt starker Haarausfall ein. Da sein Haar wollig ist, bleibt es weder auf Möbeln noch Kleidung hängen, läßt sich vielmehr leicht entfernen, indem man es mit feuchter Hand abwischt. Ich habe auch mit meinen Pantoffeln viel Haar aufgesammelt, indem ich es mit den Füßen über die Teppiche rollte. Natürlich ist zur Zeit des Haarwechsels häufiges Bürsten besonders notwendig. Beim normalen Erwachsenenfell reicht sonst ein einmaliges Bürsten pro Woche völlig aus.

Die wollige Struktur des ausgebürsteten Haars eignet sich besonders gut zum Spinnen. Das abgeworfene Chow-Haar kann man dann zu wirklich wunderschönen und besonders warmen Kleidungsstücken verstricken. Das Spinnen kann man in einer Spinnerei, aber auch mit dem Spinnrad selbst vornehmen. Erkundigungen führen meist im Verein zu einer eigenen Chow-Haar verspinnenden Gruppe, die einem

Rechts: *Gillian mit einer modischen Wollweste, die sie aus ausgekämmtem Haar ihrer eigenen Chows gestrickt hat.*

Unten: *Die Wolle des Chow-Fells kann man zu Strickwolle verspinnen. Aus dieser entstehen außerordentlich attraktive, warme und über viele Jahre gut tragfähige Kleidungsstücke.*

mit Rat und Tat zur Seite steht. Mein Rat lautet, erste Versuche mit Schafwolle zu unternehmen, denn Hundehaar enthält weniger Fett, das Verspinnen ist deshalb ein wenig schwieriger.

Man sollte von einem frisch gebadeten Chow ausgekämmtes Haar nicht verspinnen, es enthält nicht genügend natürliches Fett. Niemals sollte man annehmen, das Haar sei zu fett oder rieche – „Spinner" mögen gerade solches Haar!

BADEN

Chows sollten nicht zu häufig gebadet werden. Wenn nicht besondere Umstände es verlangen, sollte man den Chow nicht mehr als einmal jährlich baden. Das Deckhaar eines Chows sollte sich bei Berührung hart anfassen. Zuviel Baden zieht das natürliche Fett aus dem Haar, macht es zum Anfassen weich, und es hängt dann flach herunter. Es gibt Spezialhundeschampoo, auch medizinisches, es ist in Spezialgeschäften erhältlich, wichtig ist ein Shampoo ohne Teer. Nach meiner Erfahrung haben sich einige für Menschen entwickelte Shampoos gegen Kopfgrind zum Baden schwarzer Chows besonders bewährt.

Zum Baden stellt man seinen Chow auf eine rutschfeste Gummimatte, spült mit der Dusche handwarm das Fell gut durch. Dann wird shamponiert, wobei darauf geachtet werden muß, daß das Schampoo weder in Augen noch Ohren eindringt. Danach wird das Fell handwarm völlig ausgespült. Der nasse Hund wird in ein Badetuch eingewickelt, in dieser Umhüllung auf den Pflegetisch gebracht. Unter laufendem Auskämmen wird der Hund jetzt mit einem Fön warm trockengefönt. Man achte darauf, daß er vollkommen trocken ist, ehe man ihn wieder ins Freie läßt.

Links: *Die feinen Schattierungen dieser handgestrickten Jacke treten ganz natürlich auf. Da die Wolle von eigenen Chows stammt, haben solche Kleidungsstücke auch einen persönlichen Wert.*

VETERANEN

Der Chow ist eine langsam reifende Hunderasse, erreicht seine beste Zeit erst im Alter von 3–5 Jahren. Viele Chows sind noch im Alter von 12 Jahren und älter voll aktiv, erreichen ein Lebensalter bis 15 oder 16 Jahren. Natürlich sind Augen und Ohren dann nicht mehr so leistungsfähig wie zuvor, aber in ihrem Äußeren sieht man Chows ihr Alter meist nicht an. Sie werden kaum grau um den Fang, und das Fell bleibt in der Regel dick und dicht. Ein älterer Hund fühlt sich mit zwei kleineren Mahlzeiten täglich wohler als mit einer großen, der einzelne Spaziergang sollte zeitlich etwas verkürzt werden. Man achte darauf, daß der Hund nicht naß und kalt wird, sich erkältet, denn die Blutzirkulation ist jetzt langsamer. Mit zunehmendem Alter scheinen die Hunde tiefer zu schlafen, merken es möglicherweise nicht, daß es zu regnen anfängt. Man achte sorgfältig auf Anzeichen von Arthritis, habe Geduld, wenn der Hund langsamer wird. Er braucht weiterhin die Gesellschaft der Hunde, an die er gewöhnt ist, man sollte aber verhindern, daß Junghunde ihn belästigen. Alles in allem schenkt der Veteran seinem Menschen so viel Liebe und Aufmerksamkeit wie immer – oft sogar mehr. Über viele Jahre war er der allseits geliebte Haushund und muß gerade jetzt wissen,

Oben: *Int. Ch. Chanoyu Fiery Dragon vor seiner Wohnung in Paris. Der Hund ist heute ein Veteran, erwies sich in Frankreich als guter Zuchtrüde.*

Rechts: *Chanoyu Midnight Sirius, der im Alter von 14 Jahren seine letzte Ausstellung besuchte. Er erreichte den Rekord, 114mal auf Ausstellungen bester Veteran zu sein.*

Unten: *Edlen Commander Biggles of Brosscroft; er demonstriert die Vitalität und Lebensfreude, die gerade einem Chow-Veteranen eigen sind.*

daß er noch immer für seine Menschen wichtig ist. Man denke stets an den bekannten Grundsatz: **„Ein Hund ist für das ganze Leben, nicht für Weihnachten!“**

Das letzte Lebewohl

Es ist sehr traurig, dennoch müssen wir manchmal die Entscheidung treffen, unserem Lebensgefährten weiteres Leiden zu ersparen, ihm zu einem friedvollen Ende zu verhelfen. Eine solche Entscheidung fällt immer sehr schwer, gehört aber einfach zu der Verantwortung des Hundebesitzers, ist Teil seiner Liebe zum Hund. Der Tierarzt weiß, wann diese Zeit gekommen ist, man sollte offen mit ihm sprechen. Moderne Medikamente wirken schnell und schmerzlos. Wenn es irgendwie möglich ist, sollte in dieser Stunde der Hundebesitzer bis zum Ende bei seinem Hund sein. Auf diese Art empfindet der Hund keine Furcht, sein Ende ist sehr friedlich. Alles Leid liegt zu dieser Zeit bei dem Besitzer, hier muß man aber einfach die Bedürfnisse des Hundes für die ganz kurze Zeit, die es braucht, vor die eigenen stellen. Man wird herausfinden, daß man es durchsteht und gleichzeitig seinem Hund sehr hilft. Dies ist der allerletzte Dienst, den man seinem Freund Hund schuldet.

In manchen Ländern kann man seinen Hund im eigenen Garten begraben, in anderen gibt es eigene Hundekrematorien. Auch in dieser Frage sollte man sich mit seinem Tierarzt beraten, dabei sich bewußt sein, daß diese Frage für den Hund selbst keine Rolle mehr spielt.

CHOW-RETTUNGSDIENST

Im Normalfall wird ein Hund auf die Dauer seines ganzen Lebens vekauft. Manchmal kommt es aber zu unvorhergesehenen Familienkrisen, die es notwendig machen, für den Chow eine neue Heimat zu finden. Zuweilen ist es ein Todesfall, manchmal eine Scheidung. Kann man unter solch traurigen Umständen kein neues gutes Heim für seinen Chow finden, gibt es bei guten Zuchtclubs einen Chow-Rettungsservice, der nach besten Kräften hilft. Dabei erhält man für seinen Chow kein Geld, hat aber die Gewißheit, daß dieser Dienst ein liebevolles und geeignetes neues Zuhause finden wird. Dieser Service dient nicht dem Ziel, verantwortungslosen Hundebesitzern einen leichten Weg anzubieten, aber er sollte verhindern, daß bei Familienkrisen ein Chow einfach „eingeschläfert“ wird. Möchte man selbst einen Chow, in der Regel einen erwachsenen Hund, einfach als Familienhund, ohne Ehrgeiz zu züchten oder auszustellen, sollte man sich an den clubeigenen Rettungsdienst wenden, vielleicht gibt es gerade da einen guten Hund, der ein neues Zuhause sucht.

Kapitel vier

DER KURZHAARIGE CHOW CHOW

Der kurzhaarige Chow hat zumindest eine ebenso lange Rassegeschichte wie der langhaarige. Es ist sogar möglich, daß diese Rasse den Originalchow verkörpert. Sicher ist, daß es unter den ersten nach England gebrachten Chows ebenso viele kurzhaarige wie langhaarige gab.

Kurzhaarige Chows unterliegen demselben Rassestandard wie die langhaarigen, alleine die Länge des Haares variiert. Aber auch das Kurzhaar sollte in exakt der gleichen Art vom Körper abstehen.

Beide Schläge haben ähnlich dichte Unterwolle. Das Fell sollte samtartig aussehen, trotzdem harte Struktur haben. Das Fell eines kurzhaarigen Welpen ist kurz, flach und eng an der Haut anliegend, ähnlich dem Fell am Fang eines langhaarigen. Den Kurzhaarigen fehlen Mähne und Befederung der Langhaarchows. Kurzhaarige Chows gibt es in den gleichen Farben wie langhaarige, aber sie scheinen die wunderschöne tiefrote Farbe besser bewahrt zu haben als die langhaarigen.

Kurzhaarige hatten es im Ausstellungsring immer schwer, denn sie müssen um die Spitzenplätze mit den langhaarigen konkurrieren. Aufgrund ihres Haarkleids

Links: *Ein schwarzer Kurzhaar-Chow, Brosscroft Bolto Baer, im Spiel mit seinem schwarzen Kurzhaar-Welpen.*

Oben: *Brosscroft Spun Silk in der typischen Würde des Kurzhaar Chows. Zu Hause nennt man sie Jane Russell.*

ist der wahre Körperbau für jedermann zu sehen – es gibt keine Möglichkeit, Schwächen oder Fehler unter dem Fell zu verstecken. Der Kurzhaar-Chow hat treu den Originaltyp des Chows erhalten, sich weniger den Modeerscheinungen des schwereren Typs angepaßt wie dies bei den Langhaarigen geschah. Im Vergleich mit den Langhaarigen fehlt es den Kurzhaarigen ein wenig an dem auffälligen Glamour, aber kurzhaarige Chows haben einen sehr majestätischen Auftritt, präsentieren sich gut. Bisher gibt es in England noch keinen kurzhaarigen Ausstellungschampion. Der erste Kurzhaarige, der in England ein Challenge Certificate gewann, war im Jahre 1899 die schwarze Hündin „Yumsie". Bis Ende der 1960er Jahre wurden eine ganze Reihe Kurzhaarchows in England ausgestellt. Unter den vielen Bewunderern dieses Schlags waren die aktivsten Züchter und Aussteller Mr. und Mrs. Burrows, sie züchten unter dem Zwinger „Penhow". Dann sah man über eine lange Zeit kurzhaarige Chows nur außerordentlich selten im Ring. Ich freue mich sehr, feststellen zu können, daß in diesem Land dank einiger opferbereiter Züchter das Interesse an den Kurzhaarigen wieder steigt. Kurzhaarige Chows von guter Qualität kann man wieder viel häufiger sehen, und sie werden sogar im Ausstellungsring hoch plaziert.

Die meisten kurzhaarigen Chows findet man heute in Holland, dies ist das Verdienst von Mrs. Veldhuis und Mr. und Mrs. Leunissen-Rooseboom. Die Qualität der Hunde ist vorzüglich, ich kann dies aus eigener Erfahrung sagen, denn ich habe diese Hunde gerichtet.

In den USA gründete 1984 eine kleine Gruppe begeisterter Besitzer und Züchter eine Gesellschaft zur Erhaltung des Kurzhaarchows. Der erste amerikanische Kurzhaar-Champion war Can. & Am. Ch. Bearkat Little Big Man. Heute gibt es bereits vier Rüden als American Champions. Der erste kanadische Kurzhaar-Champion war Can. Ch. Ciao Tiny Dancer of Foon Ying. Auch in Frankreich und Norwegen gibt es Kurzhaarchows. Es bleibt zu hoffen, daß

Oben: *Der tiefrote Brosscroft Golden Baer hat zwei Reserve CC's gewonnen. Sein hellroter Sohn Yangsing Manhattan of Brosscroft sitzt neben ihm.*

Unten: *Brosscroft Golden Bear, in Ruhestellung fotografiert, kümmert sich um einen seiner sechs Wochen alten Kurzhaarwelpen.*

Oben: *Zwei wunderschöne Kurzhaarchows aus Holland. Rechts Anne van het Bossche Front, links Warnsborn Shi-Kari.*

die Gruppe von Anhängern in allen Ländern, wo es Kurzhaarchows gibt, sich weiter vergrößern wird.

Bei der Zucht von Kurzhaarchows kann man sich bisher mangels einer genügenden Anzahl nicht auf Paarungen von kurzhaarigen Elterntieren beschränken. Um diesen Schlag aufrechtzuerhalten, müssen langhaarige Chows eingekreuzt werden. Die Notwendigkeit, Langhaarhunde in den Ahnenreihen zu führen, führt dazu, daß selbst bei Paarungen von Kurzhaar mal Kurzhaar einige Langhaarhunde im Wurf liegen. Weiterhin besteht die Gefahr, daß bei der Paarung Kurzhaar mal Langhaar ein Haarkleid entsteht, das ein wenig zu lang ist, um absolut typisch zu sein. Aber es ist besser, solche Risiken einzugehen, als den majestätischen Kurzhaarchow zu verlieren. Es bleibt zu hoffen, daß die einsetzende Popularitätssteigerung sich fortsetzt, denn es wäre sehr schade, wenn wir diesen wahren Vertreter der Chowrasse für immer verlören.

Oben: *Ein Kurzhaarchow ist ein sehr aktiver Hund. Dieser Hund sitzt gehorsam, ist aber gespannt und absprungbereit.*

Unten: *Tanlap the Slicker. Der wahre anatomische Aufbau des Chows zeigt sich beim Kurzhaarchow perfekt. Er fragt sich zu Recht: „Was sollte ich verstecken?“*

Kapitel fünf

AUSSTELLUNGEN

Proportionen des Chows

L = Länge; **H** = Höhe
L = H
Abstand Ellbogen zum Boden = ½ **H**
1 = Länge Nase bis Stop
2 = Länge Stop bis Hinterhauptbein (2 x **1**)
3 = Halslänge (3 x **1**)
6 = Rückenlänge (6 x **1**)

Kopfhaltung 60 Grad (60°)

DER RASSESTANDARD

Ein Rassestandard ist ein Wortbild des idealen Hundes einer Rasse. Der erste Rassestandard des Chows wurde vom Komitee des Chow Chow Club England im Jahre 1895 aufgestellt. Seither gab es einige geringfügige Klarstellungen, die ihren Abschluß mit der vor kurzem durchgeführten Neufassung aller Rassehundezuchtstandards durch den Kennel Club fanden.

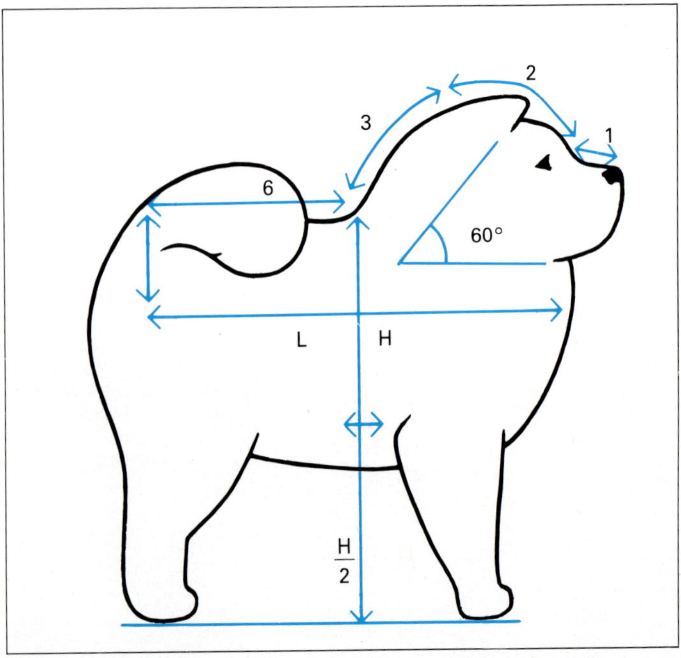

Der Chow müßte noch geboren werden, der 100% mit dem Rassestandard übereinstimmt. Es ist aber das Zuchtziel jedes Züchters, Hunde zu züchten, die diesem Ideal so nahe als möglich kommen. Der Standard ist das Idealbild, nach dem Richter auf Hundeausstellungen den einzelnen Hund beurteilen. Die in anderen Ländern festgelegten Standards entsprechen weitge hend dem englischen, es gibt nur sehr geringfügige Abweichungen.

Die Gesamterscheinung eines Idealchows ist die eines gut ausbalancierten, quadratisch gebauten Hundes, fast löwenartig, mit stolz über dem Rücken getragener Rute. Ein Chow ist ein ruhiger Hund, er bellt selten, ist ein aufmerksamer Wächter. Seinem Herrn gegenüber unbedingt loyal, besitzt der Hund einen starken eigenen Willen. Im Ausstellungsring ist er Fremden gegenüber zugänglich, dennoch wählerisch in der Auswahl seiner Freunde.

Ein Chow ist weitgehend in Quadraten aufgebaut. Sein Kopf paßt sehr gut in ein Quadrat, er hat eine quadratisch gebaute feste Front; von hinten gesehen bietet er einen kraftvollen quadratischen Eindruck, und der gesamte Chow ist innerhalb eines Quadrates perfekt ausbalanciert.

Eines der attraktivsten Merkmale ist der Kopf des Chows. Der kraftvolle Oberkopf ist breit und flach, er liegt zwischen dikken, leicht abgerundeten Stehohren, die leicht nach vorn über den Augen getragen werden. Zwischen den Ohren sollte genügend Raum liegen, in den gerade ein imaginäres „drittes Ohr“ passen würde. Interessanterweise hat der Chow die Fähigkeit, seine Ohren, ähnlich wie ein Pferd, unabhängig voneinander zu bewegen. Daraus resultiert die störende Eigenschaft einiger Chows, im Ring „die Ohren fliegen zu lassen“, das heißt, sie häßlich und wenig attraktiv zu stellen. Aber gerade die korrekte Ohrenhaltung trägt wesentlich zum typischen „Scowling-Ausdruck“ des Chows bei. Dieser „scoul“ (für nicht mit der Rasse Vertraute furchterregend) ist ein Gesichtsausdruck, der auftritt, wenn die Gesichtszüge korrekt ausbalanciert sind, entsteht nicht etwa durch Hautfalten. Die Augen haben einen typisch östlichen Einschlag, sind mandelförmig und ziemlich klein, sollten aber nicht zu tief eingesetzt sein.

Die Iris sollte dunkel sein. Ist die Haarfarbe blau oder falb, ist eine entsprechende Irisfarbe zulässig. Der Fang ist mäßig lang, sollte über seine gesamte Länge breit sein. Die Nasenoberfläche ist breit, hat viel Platz

Unten: *Ein Chow hat einen kräftigen, breiten, flachen Oberkopf; dicke, abgerundete Stehohren; dunkle, wohlgeformte Augen; charakteristischen „scowl“, mäßig langen Fang.*

für die Nüstern, ist von tiefdunkler Farbe; während blaue Chows eine dazu passende schieferfarbene Nase haben, falbfarbene passend eine dunkelfarbene Nase, haben cremefarbene Hunde, obgleich anfänglich die Nasenspiegel der Welpen schwarz sind, eine zulässige blaßrote Schattierung. Die starken Kiefer enthalten regelmäßig gestellte weiße Zähne, die als Schere schließen. Die Zunge ist meist einfarbig blauschwarz (rosarote Flecken nicht erlaubt), Lefzen und Rachenhöhle müssen schwarz sein. Schwarzes Zahnfleisch ist bevorzugt, aber bei Junghunden dauert es meist einige Zeit, bis diese Farbe erreicht ist. Lefzen dürfen nicht wie bei vielen anderen Hunderassen lose hängen, sondern schließen eng an mit einem Ausdruck des Lächelns.

Um die stolze, erwünschte Kopfhaltung zu gewährleisten, muß der Hals des Chows mäßig lang sein, in einem Winkel von etwa 60 Grad auf gut nach hinten gelagerte muskulöse Schultern treffen. Die kerzengeraden Vorderläufe müssen von oben bis zu den kleinen, abgerundeten Katzenpfoten starkknochig sein. Der Chow steht gut aufgerichtet auf seinen Zehen, darf nie flachfüßig sein. Brust- und Rippenkorb sind breit und tief, bieten viel Raum für das Herz, der Rippenkorb sollte nach hinten weit und tief sein, um den Lungen viel Platz zu bieten. Der erwünschte kraftvolle, kurze Rücken sollte nicht durch einen kurzen Rippenkorb erreicht werden, sondern durch die Kürze der Verbindung zwischen dem Ende des Rippenkorbes und der Hüfte verursacht werden. Die Wirbelsäule muß völlig gerade und horizontal verlaufen. Die starkknochigen Hinterläufe haben wenig Winkelung, die Pfote des Hinterlaufs steht in einer Senkrechten mit der Hüfte und dem tiefangesetzten Sprunggelenk. Hierdurch gewinnt der Chow seine kurze, etwas gestelzte Hinterhandaktion, welche für die Rasse so charakteristisch ist. Es ist außerordentlich interessant, die Spuren eines Chows im Schnee zu verfolgen. Anstelle von vier Pfotenabdrücken findet man die zwei Vorderpfotenabdrücke, die Hinterpfotenabdrücke formen zwei Rechtecke, wo das Sprunggelenk den Schnee weggeworfen hat. Wahrscheinlich war die gestelzte Hinterhandaktion eine notwenige Entwicklung aus dem schneereichen Ödland seiner Vorfahren. In der Bewegung sollten sich die Vorder- und Hinterläufe in beiden Richtungen völlig parallel zueinander bewegen, zwischen ihnen muß das Tageslicht sichtbar sein. Zu allen Zeiten muß die hochangesetzte Rute gut und eng über dem Rücken getragen werden. Ein Chowrüde muß „vollständig“ sein, das heißt,

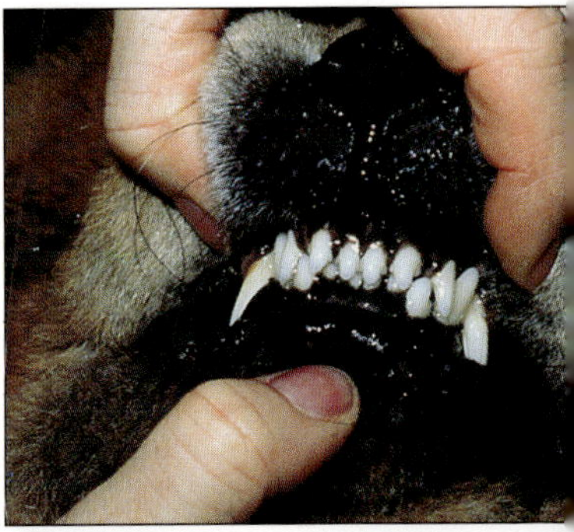

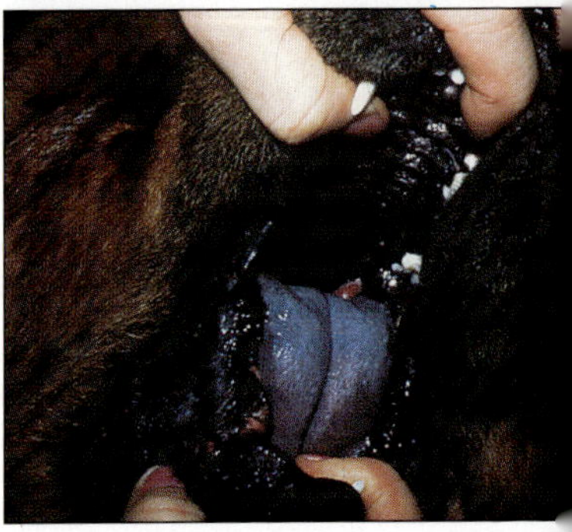

Ganz oben: *Der Chow sollte ein Scherengebiß haben, das Zahnfleisch muß möglichst schwarz, Lefzen gleichfalls schwarz sein.*

Oben: *Die Chowzunge ist bläulich schwarz, der Gaumen schwarz. Das Innere eines guten Fangs ähnelt einem „Kohlenkeller“.*

beide Hoden müssen sich im Hodensack befinden.

Es gibt zwei Fellarten, die weitverbreitete langhaarige und die seltenere kurzhaarige. Die Unterschiede liegen in der Länge des Deckhaares. Bei beiden Fellarten muß das Haar gerade, dick und dicht sein, in beiden Fällen muß das Haar vom Körper abstehen, gute Unterwolle und harte Struktur haben.

Gute Fellqualität erwachsener Hunde zeigt sich bei beiden Fellarten dadurch, daß sich das Haar hart anfühlt. Der Langhaarschlag hat eine schöne Mähne, ziemlich dichte Hosen. Es ist absolut verboten, das Fell mit der Schere zu beschneiden, in Form und Ausgewogenheit zu verändern. In den Farben variiert der Chow in großem Umfang. Am häufigsten tritt Rot auf, ent-

Oben: *Diese Hündin zeigt einen ideal geschwungenen Hals, korrekt plazierte, wunderschön geformte Ohren und gut geformte Augen.*

Unten: *Ein Chow muß quadratisch, auf kerzengeraden kräftigen Läufen stehen. Die Brustpartie sollte zwischen den Läufen eine Hand breit sein.*

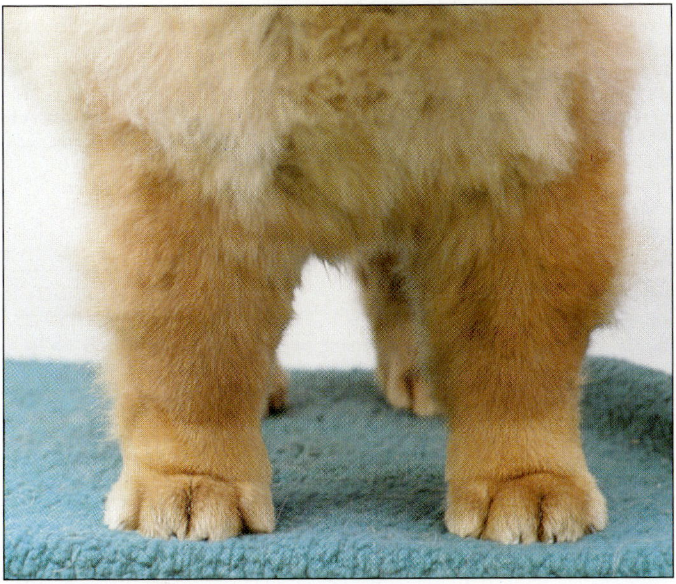

Oben: *Dieses leuchtend satte Rot gehört zu den attraktivsten Farben. Viele dieser rotfarbenen Hunde haben ein etwas kürzer abstehendes Haar.*

Rechts: *Miminic Mistiy Dawn ist ein gutes Beispiel für eine aufgehellte Falbfarbe. Falbfarbene variieren von sehr blaß bis leuchtender Zimtfarbe.*

weder einfarbig oder mit Aufhellungen an den Hosen und der Rute. In jüngerer Zeit sind schwarze, entweder einfarbig oder mit silberner Schattierung an Hosen und Rute immer häufiger geworden. Zu den ungewöhnlicheren Chow-Farben gehören Blau, Schiefergrau (ähnlich der Farbe einer blauen Perserkatze), Falb (silberne Aschfarbe über Braun) und Cremefarben (attraktive Cremefarbe mit apricotfarbenen Ohren).

Die Neufassung des englischen Standards enthält detaillierte Größenangaben. Danach sollten ausgewachsene Hündinnen 46–51 cm Schulterhöhe, ausgewachsene Rüden 48–56 cm Schulterhöhe aufweisen. Junghunde wachsen langsam, man sollte nicht zu früh erwarten, daß sie ihre volle Größe erreicht haben. Da der Chow langsam wächst, ist das Größenwachstum nicht vor etwa 18 Monaten abgeschlossen. In Europa ist der FCI-Standard heute auf dem englischen Standard aufgebaut. Über eine Reihe von Jahren wurde zuvor eine Schulterhöhe von 46 cm gefordert. Der amerikanische Standard variiert in der Wortwahl geringfügig vom englischen, hat aber den gleichen Inhalt wie der englische, das Größenlimit beträgt jedoch 43–51 cm. Kanada hat den amerikanischen Standard übernommen.

So weit ein Überblick über den Rassestandard. Auf Seite 92 dieses Buch findet der Leser den englischen Originalstandard nebst FCI-Standard Nr. 205 vom 20. 2. 1989.

DER AUSSTELLUNGSRING

Das Ausstellen seines Chows kann für das eigene Leben völlig neue und den Besitzer stark in Anspruch nehmende Erlebnisse bringen. Der eigene Chow wird nie in jeder Hinsicht dem Standard entsprechen, der perfekte Hund ist noch nie geboren worden. Will man seinen Hund ausstellen, sollte man sich zuvor ein Bild machen, ob der Hund über Ausstellungsqualitäten verfügt. Der Züchter des Hundes ist hierbei nur zu gerne behilflich.

Oben: *Dieser cremefarbene Hund hat apricotfarbenen Farbanflug und attraktive apricotfarbene Ohren. Werden diese Hunde korrekt gezüchtet, tritt auch gute Pigmentierung auf.*

Unten: *Ein blauer Chow mit rauchfarbenem Grau. Hier haben wir silberfarbene Schattierungen, blau ist aber auch einfarbig möglich. Man beachte die zur Farbe passende schieferfarbene Nase.*

Der persönliche Ausstellungsbesuch hilft zu erkennen, was Hundeausstellen bedeutet. Möglicherweise ist man beim eigenen ersten Ausstellungsbesuch sehr glücklich, gewinnt einige Preise, möglicherweise hat der Hund aber nicht gerade seinen Glückstag. Ganz gleich wie es ausgeht, man muß immer darauf eingestellt sein, mit Anstand zu gewinnen oder zu verlieren. Es kommt immer ein neuer Tag und ein anderer Richter.

Erziehung für die Ausstellung

Im Ausstellungsring wird verlangt, daß sich der Chow durch einen Fremden (den Richter) anfassen läßt, sich ordentlich auf allen vier Läufen aufstellt, stillhält und daß er an der Leine vorgestellt seinen Bewegungsablauf demonstriert. Am besten lehrt man seinen Chow bei der Fellpflege die Tugenden, Fang, Augen und Ohren kontrollieren zu lassen. Dies zahlt sich auf Ausstellungen aus. Freunde, Nachbarn und willkommene Besucher sollte man stets ermuntern, den eigenen Chow freundlich anzufassen, ihn dabei tüchtig loben. Man hat den Chow schon gelehrt, an loser Leine seinem Führer freudig zu folgen. Alles, was jetzt noch gelernt werden muß, ist das Vorführen des Hundes im Ring. Hund und Besitzer müssen sich an die Ausstellungsatmosphäre gewöhnen. Die beste Gelegenheit hierzu besteht bei entsprechenden Übungsstunden der örtlichen Hundevereine. In England werden in den meisten Gebieten abendliche Ausbildungsstunden abgehalten, bei denen Hund und Besitzer die notwendige Geschicklichkeit erwerben (viel zu selten in unseren deutschsprachigen Ländern!). Solche Stunden machen viel Spaß, bieten Gelegenheit, andere Hundefreunde kennenzulernen. Hier lernt der Hund, sich an andere Hunde zu gewöhnen, sich im Ring von Fremden anfassen und prüfen zu lassen und sich in der richtigen Geschwindigkeit korrekt zu bewegen.

Die Aufstellung des Hundes im Ring ist von größter Wichtigkeit, der erste wie der letzte Eindruck des Richters hängt hiervon ab. Der Hund muß ausgewogen auf allen vier Läufen stehen, eine vorteilhafte Kopfhaltung zeigen, dabei liegt die Rute eng über dem Rücken.

Während der Richter den Hund auf seine Anatomie abtastet, ist es immer gut, dem Hund durch Halten und Streicheln Selbstvertrauen zu geben.

Bittet der Richter, den Hund im Dreieck in der Bewegung vorzustellen, führt man den Hund links, bewegt sich vom Richter weg bis zur rechten Ringecke, dort dreht man nach links, geht gerade zur links gelegenen Ecke, dreht wieder und geht direkt

Oben rechts: *Perfekte Ausstellungshaltung, die einen aufmerksamen, quadratisch gebauten Hund demonstriert. An diesem heißen Tag bietet die Vorführerin ihrem Hund durch eigenen Körperschatten Schutz vor der Sonne.*

Unten: *Eine Auswahl geeigneter Halsbänder, Vorführleinen und Lederleinen. Man achte auf einen kräftigen Bajonettverschluß bei Leinen.*

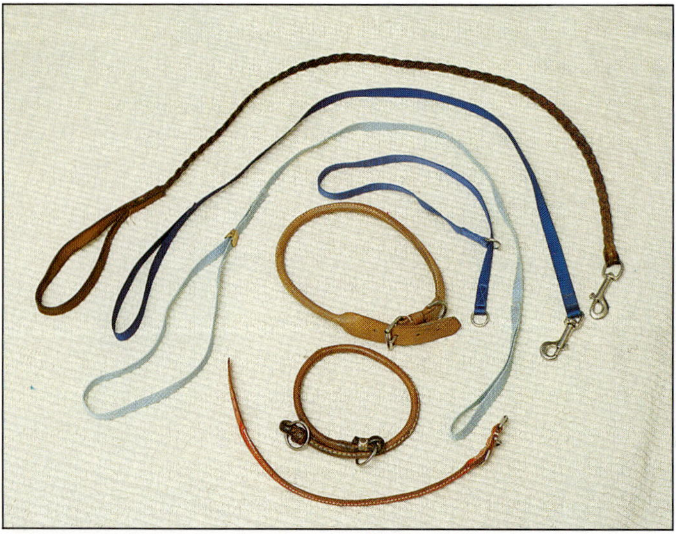

auf den Richter in gerader Linie zurück. Bittet der Richter, den Hund auf und ab zu bewegen, geht man in gerader Linie vom Richter weg bis zum Ringende, dreht dann in einem Bogen rechts um (dies hält den Hund in flotter Bewegung, während man sich selbst auf dem Punkt dreht) und kehrt direkt zum Richter zurück. Während der ganzen Vorstellung läuft der Hund an loser Leine. Eine zu kurze Leinenführung beeinflußt den Bewegungsablauf des Hundes negativ.

Melden zur Ausstellung

Meldet man seinen Hund für seine erste Ausstellung, sollte man die Ausschreibung genau studieren. In England kann man in mehrere Klassen melden, für Anfänger gibt es „Schonklassen", die Hund und Herrn an den Wettbewerb gewöhnen. Auf dem Kontinent sind Doppelmeldungen in aller Regel verboten, ergibt sich die Klasse aus Alter, Ausbildung und eventuell gewonnenen Titeln. Hat man Zweifelsfragen, sollte man beim Züchter oder Ausstellungssekretariat anfragen.

Vorbereitungen für den Ausstellungstag

Es ist gut darüber nachzudenken, wie man sich am besten für die Ausstellung kleidet. Die Kleidung sollte zum Hund passen, nicht vom Bild des Hundes ablenken. Es unterstützt den Hund nicht, wenn man zum Beispiel einen schwarzen Hund ausstellt und selbst ein schwarzes Kleid oder schwarze Hosen trägt. Man sollte daran denken, daß ein dunkler Hund sich am besten gegen einen hellen Hintergrund abhebt und umgekehrt.

Für die Ausstellung braucht man folgende Ausrüstung: Bürste, Kamm, Wasserschüssel, Wasserflasche mit frischem Wasser, Frotteetuch, kleine Papiertücher und eine Decke, die man für den Hund auf den Boden oder in die Box legt. Handelt es sich um eine Ausstellung mit offenen Boxen, braucht man eine Anlegekette (die man auf den meisten Ausstellungen kaufen kann).

Ein batteriebetriebener Warmluft-Haarstyler ist praktisch, um feuchtgewordene Lefzen und Kinnpartien wirksam abzutrocknen. Ein guter Pflegetisch ist manchmal auf Ausstellungen gleichfalls nützlich.

Natürlich darf man die Annahmekarte zur Ausstellung nicht vergessen, auch nicht den Impfpaß einschließlich Nachweis der Tollwutschutzimpfung. Für die Befestigung der Ringnummern gibt es Clips, die

Unten: *Eine Auswahl geeigneter Pflegewerkzeuge: Stahlkämme und Drahtbürsten auf Gummipolstern.*

man meist auf Ausstellungen billig kaufen kann.

Auf der Ausstellung

Man sollte frühzeitig auf dem Ausstellungsgelände sein, damit sich Hund und Herr in aller Ruhe an die Umgebung gewöhnen, man auch noch etwas Zeit für die letzte Fellpflege vor Aufruf in den Ring findet. Eigene Nervosität sollte man möglichst unterdrücken, die Nerven übertragen sich auf direktem Weg Leine abwärts auf den Hund, führen bei diesem zu Verunsicherungen. Am besten konzentriert man sich auf den Hund, nicht auf sich selbst, dann verschwindet die Nervosität von ganz alleine.

Wird die Klasse, in welcher der Hund gemeldet ist, aufgerufen, erhält man vom Ringordner seine Ringnummer, die man deutlich sichtbar tragen muß. Man bringt seinen Hund in den Ring und stellt ihn auf der Ringseite entsprechend den Ringnummern zur Prüfung durch den Richter auf. Jeder Hund wird vom Richter einzeln gemustert, danach kehrt man in die Reihe zurück, lobt seinen Hund tüchtig. Nach Einzelprüfung des letzten Hundes stellt man seinen Hund erneut auf, der Richter nimmt die Endplazierung vor. Im allgemeinen werden die vier besten Hunde auf den Plätzen 1–4 plaziert. Auf dem Kontinent wird vom Richter erwartet, daß er über jeden einzelnen Hund einen schriftlichen Bericht anfertigt, der dem Aussteller auch ausgehändigt wird. Ob man gewinnt oder verliert, stets sollte man das Richterurteil mit Anstand entgegennehmen, es ist unanfechtbar. Aber es gibt immer einen neuen Tag, an dem die Plazierungen völlig anders aussehen können.

Man sollte Ausstellungstage mit neugewonnenen Freunden genießen. Gewinn oder Verlust, häufig verläßt man die Ausstellung mit dem Entschluß, wieder auf einer anderen Ausstellung in Wettbewerb zu treten. Ist dies der Fall – wie es vielen von uns passierte – hat der „Ausstellungsteufel (show bug)" einen erfaßt, wird man

Unten: *An heißen Tagen sollte man den Hund immer im Schatten halten, während man auf den Klassenaufruf wartet. Das Tuch fängt jeden Speichel auf, schützt das Fell.*

Oben: *Sommerfreilandausstellung in England mit Chows im Ring; im Hintergrund läuft gerade ein Kricketspiel.*

bald zum festen Mitglied einer Freundesgemeinde, der viele begeisterte Chowanhänger angehören.

ENGLISCHES AUSSTELLUNGSSYSTEM

In England werden Ausstellungen nach den Regeln des Kennel Clubs abgehalten. Es gibt verschiedene Ausstellungsarten. Rassezuchtschauen (Breed Shows) werden für eine bestimmte Hunderasse abgehalten; allgemeine Ausstellungen (Variety Shows) sind für alle Hunderassen offen, zuweilen gibt es aber keine Spezialklassen für bestimmte einzelne Hunderassen. Unabhängig von der Ausstellungsart können Junghunde erst ab einem Alter von sechs Monaten ausgestellt werden.

Exemption shows

Hierbei handelt es sich um örtliche, sehr freundliche Veranstaltungen, die in erster Linie in ihrem Erlös sozialen Zwecken dienen. Zwar stehen auch sie unter der Lizenz des Kennel Clubs, haben aber viel freiere Regeln als andere Ausstellungen. Hier können sogar Hunde vorgestellt werden, die nicht eingetragen sind, also offen für Hunde mit und ohne Papiere. Man kann seinen Hund am Ausstellungstag melden. In erster Linie sind dies Vergnügungsveranstaltungen, erweisen sich aber für erste Ausflüge in die Ausstellungswelt auch als nützliche Lernveranstaltungen.

Sanction shows

Auch dies sind kleine Ausstellungen, meist offen für alle Rassen. Hunde, die im Ausstellungsring schon Spitzenplätze erreicht haben, sind nicht zugelassen, daher sind die Chancen für Anfänger größer.

Limited shows

Die Beschränkung bezieht sich auf Mitglieder des veranstaltenden Clubs (Mitgliedsbeitrag meist recht preiswert). Sie werden für alle Hunderassen oder nur für bestimmte Rassen abgehalten. Hunde, die schon Auszeichnungen errungen haben, die für den Titel Champion zählen, dürfen nicht zugelassen werden.

Open shows

Diese Ausstellungen sind offen für alle Hunde, gleich ob sie bereits Champion sind oder nicht.

Championship shows

Auch diese Ausstellungen sind offen für alle Hunde. Nur auf diesen Ausstellungen wird das Challenge Certificate (als CC bekannt) vergeben. Ein Hund braucht drei CC's unter drei verschiedenen Richtern, um den begehrten Titel eines Champions zu erringen. Eines dieser CC's muß gewonnen werden, wenn der Hund über 12 Monate alt ist.

Crufts Dog Show

Die Crufts ist die einzige Ausstellung, für die sich ein Hund qualifizieren muß, damit er zugelassen wird. Es gibt von Jahr zu Jahr geringfügige Unterschiede in den Anforderungen. Champions, CC-Gewinner und Gewinner von Reserve-CC's, Hunde, die aufgrund ihrer Siege in Spitzenklassen auf Championship Shows ins Stud Book eingetragen wurden, Gewinner erster Preise in bestimmten Klassen auf Championship Shows bringen die Voraussetzungen mit, an dieser Prestigeausstellung teilzunehmen.

Oben: *Eine Ausstellergruppe beim gemütlichen Schwätzchen unter einem kühlenden Chow-Schirm – natürlich handelt das Gespräch um Chows!*

AUSSTELLUNGSSYSTEM AUF DEM KONTINENT

In Europa und vielen anderen Ländern werden Hundeausstellungen nach den Regeln der FCI (Fédération Cynologique Internationale) abgehalten. Jedes Land hat seinen eigenen, nationalen Kennel Club. Es gibt zwei Ausstellungsarten, CACIB-Ausstellungen auf internationaler Ebene

und Ausstellungen, die zumeist von einzelnen Rassehundezuchtvereinen oder gemeinsam von mehreren Rassen abgehalten werden. Auf dem Kontinent gibt es viel weniger Ausstellungen als in England.

Bei Richten werden die Wertnoten vorzüglich, sehr gut, gut oder genügend vergeben, jeder Aussteller erhält im Ring einen schriftlichen Richterbericht. Hierdurch wird das Richten zuweilen sehr viel Zeit in Anspruch nehmen. In aller Regel können Hunde nur in einer Ausstellungsklasse gemeldet werden.

Die Klassensieger mit Wertnote „vorzüglich" konkurrieren um die Auszeichnung Bester Rüde bzw. Beste Hündin. Hält der Richter diese Sieger für championatswürdig, erhalten sie – wenn diese Auszeichnungen ausgeschrieben sind – das CAC (Certificat d'Aptitude du Championat) und das CACIB (Certificat d'Aptitude au Championat Internationale de Beauté). CACIB's werden nur in den vorgesehenen Klassen an Hunde mit einem Mindestalter von 15 Monaten vergeben. Für den Titel Internationaler Schönheitschampion braucht ein Hund viermal CACIB unter drei verschiedenen Richtern in drei verschiedenen Ländern; zwischen dem ersten und letzten CACIB müssen zumindest 12 Monate liegen. Hinsichtlich der nationalen Championate gibt es jeweils festgelegte Ausschreibungen, die von Land zu Land, von Rasse zu Rasse variieren können.

Unten: *Die Spitzengewinner in einer Reihe mit der Richterin. Von links nach rechts: Reserve Best in Show, Beste Hündin, Best in Show und Best Puppy.*

AUSSTELLUNGSSYSTEM NORDAMERIKA

In Amerika und Kanada nennt man die Breed Shows Speciality Shows. Es gibt verschiedene Klassen, je nach Alter, bereits erzielter Gewinne und Ursprungsland. Wie in England kann man keinen Hund unter einem Alter von sechs Monaten ausstellen. Die Gewinner der ersten Preise stehen im Wettbewerb für die Titel Winners Dog und Winners Bitch. Nur bestem Rüden und bester Hündin können Championatspunkte zuerkannt weden. Diese Gewinner treten dann mit den Gewinnern der ersten Preise der Championatsklasse um den Titel Best of Breed in Wettbewerb. Es gibt auch Ausstellungen für alle Hunderassen, die nach den gleichen Regeln abgehalten werden, wobei aber viele Rassen an der gleichen Ausstellung teilnehmen. Wie in England konkurriert dann der Best of Breed-Gewinner um den Gruppensieg, die Group Winners um Best in Show.

Für das USA-Championat muß ein Hund unter zumindest drei verschiedenen Richtern 15 Punkte gewinnen. Die auf jeder Ausstellung vergebenen Punkte variieren nach der geografischen Lage der Ausstellung und nach der Anzahl der gemeldeten Hunde. Jeder Champion muß zumindest auf zwei „major point shows" unter verschiedenen Richtern gewonnen haben. Auf solchen „major shows" werden zumindest drei Punkte vergeben, auf keiner Ausstellung gibt es aber mehr als fünf Punkte.

Es gibt auch vom American Kennel Club genehmigte „matches" für alle Hunde-

rassen und Spezialzuchtschauen einzelner Rassen. Hier werden keine Championatspunkte vergeben, solche Ausstellungen bieten aber vorzügliche Gelegenheit zum Lernen. Manchmal werden auch Spezialklassen für Junghunde im Alter zwischen drei und zwölf Monaten ausgeschrieben.

DAS RICHTEN

Obgleich in den verschiedenen Ländern unterschiedliche Regeln für das Ernennen der Richter bestehen, ist das wichtigste Kriterium für die Zulassung eines Richters Erfahrung und tiefgehendes Wissen über die Hunderasse. Die verschiedenen nationalen Kennel Clubs stellen unterschiedliche Anforderungen hinsichtlich der für notwendig erachteten Zeit persönlicher Erfahrung und züchterischer Qualifikation. Dies liegt wahrscheinlich daran, daß sowohl Chows wie Hundeausstellungen in den verschiedenen Ländern mehr oder weniger zahlreich sind. In USA wie Kanada werden die Richter von ihren jeweiligen Kennel Clubs lizenziert. In USA, Kanada und Europa werden Richteranwärter Prüfungen unterzogen, die ihr Wissen über die Rasse bestätigen. Zur Ausbildung der Richter gehört in verschiedenen Ländern auch Teilnahme an Anatomielehrgängen, um hier ein Grundwissen zu erlangen. Die englische Auswahl war bis vor ganz kurzem ausschließlich auf den Ruf des Anwärters im Ausstellen und Züchten von Hunden ausgerichtet, danach konnte von dem jeweiligen Zuchtverein der Name des Bewebers auf die Richterliste für kleinere Ausstellungen gesetzt werden. Mit zunehmender Erfahrung im Richten qualifiziert sich dann der Richter nach oben für größere Ausstellungen mit Ausnahme von CC-Veranstaltungen. Schließlich wird ein Bericht über Erfahrungen in eigener Zucht, im Ausstellen und Richten dem Showkomitee des Kennel Clubs vorgelegt, dieses entscheidet über die Anerkennung des Richters auch für Championatsausstellungen. In jüngerer Zeit wurden verschiedene Ausbildungsmethoden für Richteranwärter entwickelt, sowohl für Spezialrichter wie für Allgemeinrichter. Eine Teilnahme hieran zählt noch nicht zu den Anforderungen des Kennel Clubs, dieser begrüßt aber eine solche Ausbildung. Ich wünschte mir, es hätte etwas ähnliches gegeben, als ich mit meiner eigenen Richtertätigkeit begann, „on the job" lernte. Zur Zeit der Entstehung dieses Buches haben sechs englische Zuchtvereine für Chows ein Richterausbildungssystem aufgebaut, Teilnahme daran ist Voraussetzung, um auf die Richterlisten gesetzt zu werden.

Ausbildung von Richtern
Hat man in Zucht und Ausstellung von Chows gute Erfolge erzielt, hat man zusätzlich über Lehrgänge ein Grundwissen erworben und die vom Rassezuchtverein gestellten Voraussetzungen erfüllt, geht es an die abschließenden Vorbereitungen, um einmal als Richter in der Mitte des Rings zu stehen.

In der Nacht vor dem ersten Richten sollte man immer nochmals sorgfältig den Rassestandard lesen. Nie sollte man so blasiert sein, dies zu unterlassen, denn es bringt das Bild eines ringsum ausgewogenen Chows, wonach man stets Ausschau halten muß, vor das geistige Auge. Obwohl viele Richter heute ihren Richterbericht auf ein kleines Tonbandgerät sprechen, habe ich selbst solchen Maschinen immer miß-

Oben: *Der Richter beobachtet den Bewegungsablauf des Hundes. Im Augenblick versucht die Ausstellerin, den Chow wieder auf die vorgeschriebene gerade Linie zurückzubringen.*

traut. Selbst wenn man beim Drücken der richtigen Knöpfe keine Fehler macht, passiert es nur zu leicht, daß man über die einzelnen Tiere so ähnliche Anmerkungen macht, daß beim Zurückspulen kein klares Bild entsteht, das es ermöglicht, einen Hund vom anderen klar zu differenzieren.

Ich persönlich bevorzuge ein Richterberichtsbuch, aufgeteilt nach den Anforderungen des Rassestandards. Dieses Buch präpariere ich mir selbst vor der Ausstellung. Stets sollte man etwas in der Hand haben, das für den Hund ein interessantes Geräusch auslöst. Dies hilft, daß die Hunde „mit fliegenden Ohren" ihre richtige Ohrenhaltung zeigen. Eine kleine Streichholzschachtel mit ein paar Knöpfen oder ein paar klappernden Gegenständen sind meist ideal.

Man sollte etwas Bequemes tragen, aber aufpassen, daß es weder zu leuchtend, noch zu wild gemustert ist. Zwar mögen Hunde Farben nicht in der gleichen Weise wie wir unterscheiden, aber sie reagieren dennoch auf Farbe. Man legt alle Kleidungsstücke so an, daß sie nicht dem Hund ins Gesicht flattern. Man sollte weder Parfüm noch Aftershave auftragen – Hunde haben sehr feine Geruchsnerven.

Eigenes Richten

Man suche frühzeitig den Ring auf, bespreche sich mit dem Ringsekretär. Man verschaffe sich ein klares Bild der Ringanordnung, um festzulegen, wie man sich die Hunde am besten in der Bewegung vorstellen läßt, wo das Licht dazu hilft, die Augenfarbe klar zu erkennen, wo an einem heißen Tag Schatten auftritt usw. Man muß immer aus seinem Ring das beste machen, um auch den Hunden optimale Chancen zu bieten.

Kommt die erste Klasse herein, sollte man sich in keiner Weise zeitlich gedrängt fühlen. Man nehme sich Zeit, gehe ruhig vor den aufgereihten Hunden auf und ab, um ein erstes Bild der Hunde aufzunehmen. Dies beruhigt die Nervenanspannung, die man immer beim erste Richten hat. Beurteilt man Klassen mit jüngeren Hunden, hilft es oft, diese zu beruhigen, wenn man sie alle gemeinsam im Kreis bewegt, ehe man sie einzeln aufruft. Chows lieben es, selbst die erste Annäherung zu machen, so lassen sie sich nach meiner Erfahrung viel besser anfassen, wenn man den Vorführer bittet, den Hund in gerader Linie heranzuführen. Dies ist meist besser, als wenn man auf den Hund zutritt. Man kontrolliert den Körperbau mit dem Auge wie mit der tastenden Hand, der Bewegungsablauf gibt weiter Hinweise. Bei Rüden sollte man überprüfen, ob beide Hoden in den Hodensack abgestiegen sind. Immer sollte man mit seinen Händen gleichzeitig genau und doch freundlich sein, das stärkt das Vertrauen des Hundes. Natürlich versucht der Aussteller, stets das Beste aus seinem Hund zu machen, er wird es sehr schätzen, wenn der Richter das gleiche tut. Man sollte immer den eigenen Händen glauben – die Augen können sich täuschen! Man achte auf positive, gute Punkte, verfalle nie der Versuchung, nach Fehlern zu richten. Wenn man methodisch den Hund überprüft, übersieht man keine Einzelheiten. Ehe man die Hunde abschließend plaziert, sollte man jeden einzelnen Hund nochmals mit dem Rassestandard vergleichen. Man achte auf stolze Haltung, die typische Arroganz und das Wesen eines wahren Chows, dann plaziert man seine Sieger.

Richterbericht

Auf dem Kontinent erwartet man über jeden vorgestellten Hund einen Richterbericht. Ein solcher Bericht wird während des Richtens verfaßt, dem Aussteller im Ausstellungsring übergeben. In England wird ein Richterbericht nur über die zwei Erstplazierten auf Championatsausstellungen verfaßt, auf anderen Ausstellungen nur über die Erstplazierten. Diese Berichte werden in den Hundezeitschriften veröffentlicht.

Es ist für Richter außerordentlich wichtig, genaue Aufzeichnungen über Daten, Ort, Anzahl der Klassen und Anzahl der gerichteten Hunde zu behalten. Es ist ebenso wichtig, Aufzeichnungen über Ausstellungsgewinne von Hunden zu machen, die man im eigenen Besitz hat oder die zwar anderen gehören, aber aus eigener Zucht stammen. Solche Informationen werden vom Kennel Club als Referenz verlangt, wenn man zum Championatsaus-

Unten: *Die Richterin befühlt das Fell auf korrekte Struktur. Gleichzeitig wird hier die genaue Schulterlage geprüft.*

stellungsrichter für England bestellt wird, möglicherweise fordern aber auch Kennel Clubs anderer Länder solche Unterlagen an, wenn es um Richtereinladungen geht. Für diese Zwecke ist es wichtig, daß die Aufzeichnungen exakt sind.

Oben: *Es ist wichtig, im Ring Augenfarbe, -schnitt und Freisein von Entropium zu überprüfen. Die Überprüfung erfolgt wie hier durch Schauen, nicht durch Herumziehen am Auge.*

UNTERORDNUNGSWETTBEWERBE

Es ist unwahrscheinlich, daß ein Chow je den Grad an Perfektion erreicht, der notwendig ist, um auf Unterordnungswettbewerben (Obedience Shows) mithalten zu können. Ein Chow wird nie eine so geschmeidige, schnelle, sich unterordnende Perfektion erreichen wie der Border Collie. Dies braucht aber niemanden davon abzuhalten, an solchen Wettbewerben teilzunehmen, seinen Hund vorzustellen, wenn er sich für Unterordnungsübungen als begabt erweist. In England kenne ich nur einige wenige Chows, die bei Unterordnungswettbewerben präsentiert wurden. Interessanterweise waren diese aber alle schwarz, und ein Studium ihrer Ahnentafeln zeigt gemeinsame Vorfahren.

Unterordnungswettbewerbe fordern Zeit, Geduld und Konzentration, sowohl beim Chow wie seinem Führer. Übungen wie Sitz, Bleib, Hier lassen sich – Geduld vorausgesetzt – fehlerlos anerziehen und auch im Wettbewerb vorstellen. Chows scheinen allerdings das Apportieren ihrer Natur nach ziemlich abzulehnen. Die meisten scheinen der Meinung zu sein: „Du hast es weggeworfen, dann kannst du es auch wieder holen!" Abweichend von vielen anderen Hunderassen zeigen nur ganz wenige Chows nach ihrer Jugend noch Interesse daran, einem Ball nachzujagen oder einen Stock aufzunehmen. Einige Chows lernen das Apportieren, haben dann aber nur wenig Sympathie für die Vorstellung, sie sollten es festhalten, nur auf Kommando auslassen.

Auch Fährtensuche scheint der Natur der meisten Chows wenig zu entsprechen.

Hat man die Absicht, seinen Chow in Unterordnung zu trainieren, könnten folgende Tips hilfreich sein. Apportieren ist „Arbeit“, kein Spiel, deshalb sollte das Ballspiel beim Junghund nur als Teil der Ausbildung geübt werden. Für den Chow darf man nie eine Würgekette verwenden, sie ruiniert nicht nur seine Mähne, sondern er wird gegen ihre Anwendung immer Widerstand leisten. Muß man eine Kontrolleine einsetzen (Slipleine, zum über den Kopf ziehen), sollte man immer eine aufrollbare Lederleine wählen, die meisten Chows lassen sich aber über ein festes Halsband besser kontrollieren. Immer sollte man verschiedene Arten von Halsband und Leine für Unterordnung und für Ausstellungszwecke verwenden. Schon aus der Halsung wird der Chow schnell ableiten, welche Art von Arbeit man von ihm erwartet.

Im Normalfall sollte man einem Chow Gehorsamsverhalten beibringen – unabhängig von den Zusatzanforderungen, die Unterordnungswettbewerbe erfordern. Im Alltagsleben braucht man einen Hund, der auf Anruf kommt, auf Kommando an einer bestimmten Stelle bleibt, insbesondere aus Sicherheitsgründen nicht aus dem Auto springt.

Hat man aber Neigung, außerordentliche Geduld und Zeit, zusätzlich einen entsprechend veranlagten Chow auszubilden, dann findet man in den niedrigeren Stufen von Unterordnungswettbewerben viel Spaß. Man muß aber wissen, daß ein Chow niemals die präzise, automatenartige Unterordnung zeigen wird, die man heutzutage für Spitzenwettbewebe verlangt. Der Lohn der Erziehung für den Besitzer wird sein gut sozialisierter und gehorsamer Hund sein.

Links: *Chris bringt Zak in die Position „Sitz! Fuß!“, gebraucht die hierzu geeignete Hilfe beider Hände.*

Unten links: *Abschluß der Übung. Zak in der Position „Sitz! Fuß!“, auf sein hochverdientes Lob wartend.*

Oben: *Zak verweilt in der Position „Bleib!“, bis er bei Fuß gerufen wird. Man beachte die lange Leine, die für die Ausbildung verwendet wird.*

Unten: *Die meisten Chows haben wenig Veranlagung zum Apportieren. Hier scheint Zak zu sagen: „Frauchen, reicht das für heute?“*

Kapitel sechs

ZUCHT

ZÜCHTERISCHE VERANTWORTUNG

Hundezucht führt zu Verpflichtungen. Deshalb ist es wichtig, sehr ernsthaft zu überlegen, warum man züchtet. Mit Sicherheit ist es keine Freizeitbeschäftigung, bei der man „schnell reich werden kann". Es ist auch „nicht gut für die Hündin", daß sie einmal Welpen hat. Das Ziel muß die Zucht gesunder, anatomisch richtig gebauter Qualitätswelpen sein, Hunde von vorzüglichem Wesen. Man muß sorgfältig prüfen, ob man genügend Freizeit hat, genügend Platz für Mutter und Kind und genügend Geld, um die Welpen richtig aufzuziehen. Zieht man Welpen richtig auf, bleibt nicht viel Profit übrig. Die tragende Hündin braucht besonders hochwertiges Futter. Bis zum Verkauf der Welpen etwa mit acht Wochen haben diese über eine lange Zeit vier Mahlzeiten täglich verputzt. Schon recht bald hört die Hündin damit auf, ihre Welpen sauber und trocken zu halten, es ist dann Aufgabe des Züchters, laufend mit Unterlagen und Putzen für Sauberkeit zu sorgen. Man sollte auch gewiß sein, für seine Welpen die richtigen Käufer zu finden, ehe man überhaupt einen Wurf plant. Möchte man gesunde Qualitätswelpen züchten, hat dies zur Voraussetzung, daß die Hündin selbst ein erstklassiges Exemplar ist, auch vorzügliches Wesen hat. Kauft man schon die Hündin nur als Familienhund, sollte sie dies auch in aller Regel bleiben, nicht als Zuchthündin eingesetzt werden. Als Züchter muß man auch in der Lage sein, Käufer über alle Fragen von Aufzucht und Erziehung der Welpen zu beraten, man muß bereit sein, wann immer sie Hilfe brauchen, diese auch zu geben. Dies geht soweit, daß man im Falle unerwarteter Not auch in der Zukunft den Welpen zu sich zurückholt, ihn danach neu plaziert.

Viele Überlegungen und sorgfältige Planung sind notwendig, ehe man sich zur Paarung seiner Hündin entschließt. Man halte sich stets vor Augen, daß man damit die Verantwortung übernimmt, daß Welpen in diese Welt geboren werden, und diese Verantwortung für das ganze Leben dieser Hunde bestehen bleibt.

AUSWAHL DES RÜDEN

Nie sollte man der Versuchung erliegen, den am nächsten wohnenden Rüden zu verwenden. Man prüfe vielmehr alle verfügbaren Zuchtrüden auf Wesen, Anatomie und bereits vorhandene Zuchterfolge. Man studiert weiterhin die Ahnentafel in Aussicht genommener Zuchtpartner, also von Rüden wie Hündin. Am besten bespricht man seine Pläne mit erfahrenen Züchtern. Man sollte sich vom Züchter der eigenen Hündin beraten lassen, er sollte über Erfahrung und Wissen verfügen, um die passende Zuchtlinie empfehlen zu können.

Die Fehler und Vorzüge der eigenen Hündin sollte man genau kennen, dann mit der Paarung über den Rüden nach Möglichkeit ihre Vorzüge doppeln, ihre Fehler korrigieren. Die Familie des Zuchtrüden muß man über mehrere Generationen studieren, sorgfältige Informationen sammeln. Nie soll man zwei Hunde mit den gleichen Erbfehlern paaren. Ein Entropium (vergleiche Kapitel sieben) läßt sich zwar chirurgisch korrigieren, es vererbt sich aber trotzdem. Andere wichtige Erbfehler sind Hüftdisplasie und Atemprobleme. Man tut weder sich noch der Rasse einen Gefallen, wenn man solche schmerzhaften Erkrankungen in den Nachkommen wiederfindet.

Handelt es sich um den ersten Wurf einer Hündin, ist es unklug, einen Erstlingsrüden zu nehmen. Kommt es dann zu keinem Wurf, könnte der Fehler bei beiden liegen. Man sollte rechtzeitig, ehe die Hündin heiß wird, den Rüden aussuchen.

Man muß auch bereit sein, wenn notwendig über eine weite Entfernung zu reisen, damit die Hündin von einem gesunden, anatomisch gut gebauten, typischen Exemplar der Rasse mit passenden Vorfahren gedeckt wird. Es kann auch durchaus sein, daß der notwendige Decktag sich in den eigenen Terminkalender schwierig einordnen läßt.

Unten: *Lechan Moonlighting, Spitzen-Chow-Junghund 1988 (Our Dogs) und Junior Warrant. Ein gutes Exemplar aus sorgsamer Linienzucht.*

PASSENDE AHNENREIHEN

Es gibt verschiedene Methoden, die Ahnenreihen von Rüden und Hündin zusammenzuführen. Die Fachausdrücke lauten Inzestzucht, Linienzucht und Auskreuzung.

Inzestzucht
Hierbei handelt es sich um die Paarung sehr eng verwandter Hunde, zum Beispiel Vater mit Tochter, Bruder mit Schwester usw. Diese Zuchtmethode kann erwünschte Qualitäten festigen, aber sie doppelt ebenso verborgene Fehler und rezessive Gene. In der Hand von Experten kann und hat diese Zuchtmethode vorzügliches Zuchtmaterial hervorgebracht. Für einen Neuling ist diese Methode aber ein viel zu gefährliches Experiment und daher nicht empfehlenswert.

Linienzucht
Hierbei handelt es sich um sorgfältige Auswahl der besten Vorfahren in einer Linie und darauf Zurückzüchten. Man paart miteinander verwandte Tiere, deren gemeinsame Verwandtschaft aber 2–3 Generationen zurückliegt, also zum Beispiel Enkel mit Enkelin, Urenkel mit Enkel usw. Auch hierbei werden sowohl Vorzüge wie Fehler verstärkt, aber in geringerem Maße. Bei jeder Zucht ist es außerordentlich wichtig, genau zu wissen, was man warum tut. Selbstverständlich darf man nur auf Vorfahren linienzüchten, die körperlich und wesensmäßig gesund sind. Liniengezüchtete Welpen haben eine größere Chance, die Merkmale ihrer Vorfahren zu erben. Die erfolgreichsten Zwinger züchten auf solche Linien, dadurch können sie einen einheitlichen und gefestigten Typ bei ihren Nachzuchten erhalten. Auch für Linienzucht braucht man fachkundigen Rat durch einen züchterischen Experten, es handelt sich um einen erfolgversprechenden Weg, den man gehen sollte.

Auskreuzung
Unter Auskreuzung versteht man die Paarung von nicht miteinander verwandten Tieren. Man wählt diesen Weg normalerweise, um bestimmte körperliche oder Wesensmerkmale zu verbessern. Außerdem

Unten: *Ch. Suntory Mimosa, Chow of the Year 1987. Man achte auf die korrekt gestellten Pfoten und den aufmerksamen Ausdruck.*

braucht man dann eine Auskreuzung (outcross), wenn durch Linienzucht über mehrere Generationen die Verwandtschaft zu eng geworden ist, um Degenerationserscheinungen zu vermeiden.

Solange Rüde und Hündin nicht die gleichen Fehler zeigen, kann Auskreuzung nützlich sein, aber die Einheitlichkeit der Nachkommen ist weniger groß als bei Linienzucht.

PAARUNG

In der Regel tritt bei Hündinnen etwa im Alter von sechs Monaten die erste Hitze auf, danach weitere im Abstand von jeweils sechs Monaten. Aber jede Hündin hat ihren eigenen Zyklus, es ist wichtig, diesen natürlichen Rhythmus frühzeitig zu erkennen. Stets sollte man eine Hündin ausreifen lassen, ehe man sie paart. Im Idealfall paart man sie bei der Hitze, die einem Alter von etwa 18 Monaten am nächsten liegt. Danach sollte man eine Hündin nur bei jeder zweiten Hitze dekken lassen, so daß sie genügend Zeit findet, sich voll zu erholen. Es ist wichtig, daß sie zum Zeitpunkt der Paarung in bester Kondition ist. Ist sie zu fett, ist die Wahrscheinlichkeit des Aufnehmens verringert. Sobald die Hündin heiß wird, muß man den genauen Termin mit dem Zuchtrüden festlegen.

Die normale Hitze (Oestrus) dauert etwa drei Wochen. Über die ersten zehn Tage geht ein leuchtend roter Ausfluß aus der Scheide ab, dieser wird nach und nach blasser, fahlrosa. Der normale Decktag liegt zwischen dem 10. und 16. Tag, da aber alle Hündinnen einen eigenen Zyklus haben, sind einige früher, andere später paarungsbereit. Ein gutes Zeichen für den richtigen Zeitpunkt ist, wenn die Farbe verblaßt, die Scheide offensichtlich angeschwollen ist. In der Regel legt die Hündin beim Handauflegen und Kraulen an der Schwanzwurzel die Rute zur Seite. Aber der einzige, der wirklich weiß, ob es der richtige Zeitpunkt ist, ist stets der erfahrene Zuchtrüde.

Chows gehören bei der Paarung nicht zu den leichtesten Rassen, Chow-Hündinnen sind als „gute Mütter, aber miserable Liebhaberinnen" bekannt! Es gibt nur wenige Paarungen ohne menschliche Hilfe. In aller Regel bedarf es wirksamer Kontrolle der Hündin an einem kräftigen Halsband. Einige Hündinnen geraten in Panik; werden sie nicht festgehalten, könnten sie sich selbst oder den Rüden verletzen. Notfalls ist es nützlich, die menschlichen Kniee zu verwenden, um die Schulterpartie der Hündin unter Kontrolle zu bekommen. Am besten befolgt man die Anweisungen des Rüdenbesitzers, er weiß am besten, was sein Rüde mag und was er ablehnt. Rüdenbesitzer wollen nicht, daß ihr Rüde verletzt wird.

Bei den meisten Paarungen kommt es zu einem „Hängen". Dieses tritt nach dem Einfahren des Penis des Rüden in die Scheide auf, danach schwellen die Schwellkörper des Penis so an, daß eine Trennung unmöglich ist, bis dieser sich wieder in seine normale Größe zurückgebildet hat. Im allgemeinen stellt sich das Hundepaar während des Hängens Po an Po; dies ist für alle Beteiligten die bequemste Stellung – einschließlich menschlicher Helfer! Das „Hängen" dauert im allgemeinen zwischen 5 und 45 Minuten; es ist aber nicht erforderlich, um zur Befruchtung zu führen. Viele Würfe werden auch nach Paarungen ohne „Hängen" geboren. In den ersten Minuten der Paarung kommt es dann zur Ejakulation, dringen die Spermien in die Hündin ein. Gerade während des Hängens ist es außerordentlich wichtig, beide Hunde unter Kontrolle zu halten, gerät einer der Hunde in Panik (meist die Hündin), kann es zu ernsthaften Verletzungen führen.

Am besten sind zwei Paarungen mit 48 Stunden Abstand. Es ist nie genau zu erkennen, wann der Ovulationsprozeß in der Hündin vonstatten geht. Innerhalb der Hündin bleibt das Sperma über 24 Stunden aktiv. Durch zweimalige Paarung mit einem Tag Abstand deckt man eine Ovulationszeit von weit mehr als 48 Stunden ab.

Das Deckgeld ist zum Zeitpunkt der Paarung fällig, es handelt sich um eine Entschädigung für den Deckakt, gleich ob dieser zu einem Wurf führt. Die meisten Rüdenbesitzer gewähren jedoch bei der nächsten Hitze eine kostenlose Wiederholungspaarung, wenn es zu keinem Wurf kommt. Eine solche Vereinbarung sollte man aber zum Zeitpunkt der ersten Paarung eindeutig abschließen, nach Möglichkeit schriftlich. Man lasse sich stets eine Quittung aushändigen, außerdem müssen die vom jeweiligen Zuchtverein vorgeschriebenen Formulare unterzeichnet werden, in denen die Paarung bestätigt wird. Die noch fehlenden Angaben ergänzt der Züchter nach der Welpengeburt.

TRAGEZEIT

Bis zum Wurftag dauert es ungefähr 63 Tage. Man muß aber aufpassen, einige Chowhündinnen werfen ein paar Tage früher. Über die ersten 4–5 Wochen gibt es einige Ungewißheit, denn es gibt wenig Anzeichen der Trächtigkeit. Zu den ersten Anzeichen gehört in der Regel eher eine Wesensveränderung als eine Körperveränderung der Hündin. Tragende Hündinnen werden ruhiger, liebebedürftiger als gewöhnlich. Einige Hündinnen zeigen in der Tragezeit einen ganz leichten, völlig farblosen Ausfluß aus der Scheide; solange dieser unbedeutend ist, gibt es keinen Grund zu einer Beunruhigung, eher zur Zufriedenheit.

Mit einer Zusatzfütterung beginnt man etwa in der 5. Woche. Man verabreiche aber keine zusätzlichen Kohlehydrate, denn hierdurch macht man eine Hündin fett. Zu dieser Zeit braucht sie vielmehr zusätzliches Protein durch Fleisch, Fisch, Eier oder Käse, auch etwas Zusatzvitamine und Mineralstoffe (einschließlich Kalzium). Man erhält im Fachgeschäft ausgewogene Zusatzstoffe. In dieser Zeit stellen die Welpen an die körperlichen Reserven der Hündin größere Anforderungen. Man sollte die tägliche Mahlzeit auf zwei Fütterungen verteilen, dadurch liegt das Futter nicht schwer im Magen. Die Hündin braucht auch eine zusätzliche Mahlzeit mit Zeralien, Milch und einem Ei.

Wichtig ist, daß die Hündin auch in diesem Zeitraum genügend Bewegung hat. Selbst wenn sich ihre Körperlast vermehrt, sollte man sie zu häufigeren, aber kleineren Spaziergängen auffordern, ihr dabei das Tempo überlassen. Keinesfalls sollte man sie hochspringen lassen.

Während der letzten zwei Tragewochen haart die Hündin meist stark ab. Man sollte die Haare vorsichtig abnehmen, denn man möchte ja nicht, daß die saugenden Welpen sie hinunterschlucken.

Rechts: *Die Hündin Cedar ist eindeutig trächtig, bis zum Wurf sind es noch 12 Tage. Leichter Auslauf, häufige kleine Mahlzeiten und Springverbot sind in dieser Zeit angezeigt.*

Deck- und Wurfkalender

DT–WT Jan.–März	DT–WT Feb.–Apr.	DT–WT März–Mai	DT–WT Apr.–Jun.	DT–WT Mai–Jul.	DT–WT Jun.–Aug.
1.– 4.	1.– 4.	1.– 2.	1.– 2.	1.– 2.	1.– 2.
2.– 5.	2.– 5.	2.– 3.	2.– 3.	2.– 3.	2.– 3.
3.– 6.	3.– 6.	3.– 4.	3.– 4.	3.– 4.	3.– 4.
4.– 7.	4.– 7.	4.– 5.	4.– 5.	4.– 5.	4.– 5.
5.– 8.	5.– 8.	5.– 6.	5.– 6.	5.– 6.	5.– 6.
6.– 9.	6.– 9.	6.– 7.	6.– 7.	6.– 7.	6.– 7.
7.–10.	7.–10.	7.– 8.	7.– 8.	7.– 8.	7.– 8.
8.–11.	8.–11.	8.– 9.	8.– 9.	8.– 9.	8.– 9.
9.–12.	9.–12.	9.–10.	9.–10.	9.–10.	9.–10.
10.–13.	10.–13.	10.–11.	10.–11.	10.–11.	10.–11.
11.–14.	11.–14.	11.–12.	11.–12.	11.–12.	11.–12.
12.–15.	12.–15.	12.–13.	12.–13.	12.–13.	12.–13.
13.–16.	13.–16.	13.–14.	13.–14.	13.–14.	13.–14.
14.–17.	14.–17.	14.–15.	14.–15.	14.–15.	14.–15.
15.–18.	15.–18.	15.–16.	15.–16.	15.–16.	15.–16.
16.–19.	16.–19.	16.–17.	16.–17.	16.–17.	16.–17.
17.–20.	17.–20.	17.–18.	17.–18.	17.–18.	17.–18.
18.–21.	18.–21.	18.–19.	18.–19.	18.–19.	18.–19.
19.–22.	19.–22.	19.–20.	19.–20.	19.–20.	19.–20.
20.–23.	20.–23.	20.–21.	20.–21.	20.–21.	20.–21.
21.–24.	21.–24.	21.–22.	21.–22.	21.–22.	21.–22.
22.–25.	22.–25.	22.–23.	22.–23.	22.–23.	22.–23.
23.–26.	23.–26.	23.–24.	23.–24.	23.–24.	23.–24.
24.–27.	24.–27.	24.–25.	24.–25.	24.–25.	24.–25.
25.–28.	25.–28.	25.–26.	25.–26.	25.–26.	25.–26.
26.–29.	26.–29.	26.–27.	26.–27.	26.–27.	26.–27.
27.–30.	27.–30.	27.–28.	27.–28.	27.–28.	27.–28.
28.–31.	28.– 1. Mai	28.–29.	28.–29.	28.–29.	28.–29.
29.– 1. Apr.		29.–30.	29.–30.	29.–30.	29.–30.
30.– 2. Apr.	*DT–Decktag	30.–31.	30.– 1. Juli	30.–31.	30.–31.
31.– 3. Apr.	*WT–Wurftag	31.– 1. Juni		31.– 1. Aug.	

DT–WT Jul.–Sept.	DT–WT Aug.–Okt.	DT–WT Sept.–Nov.	DT–WT Okt.–Dez.	DT–WT Nov.–Jan.	DT–WT Dez.–Feb.
1.– 1.	1.– 2.	1.– 2.	1.– 2.	1.– 2.	1.– 1.
2.– 2.	2.– 3.	2.– 3.	2.– 3.	2.– 3.	2.– 2.
3.– 3.	3.– 4.	3.– 4.	3.– 4.	3.– 4.	3.– 3.
4.– 4.	4.– 5.	4.– 5.	4.– 5.	4.– 5.	4.– 4.
5.– 5.	5.– 6.	5.– 6.	5.– 6.	5.– 6.	5.– 5.
6.– 6.	6.– 7.	6.– 7.	6.– 7.	6.– 7.	6.– 6.
7.– 7.	7.– 8.	7.– 8.	7.– 8.	7.– 8.	7.– 7.
8.– 8.	8.– 9.	8.– 9.	8.– 9.	8.– 9.	8.– 8.
9.– 9.	9.–10.	9.–10.	9.–10.	9.–10.	9.– 9.
10.–10.	10.–11.	10.–11.	10.–11.	10.–11.	10.–10.
11.–11.	11.–12.	11.–12.	11.–12.	11.–12.	11.–11.
12.–12.	12.–13.	12.–13.	12.–13.	12.–13.	12.–12.
13.–13.	13.–14.	13.–14.	13.–14.	13.–14.	13.–13.
14.–14.	14.–15.	14.–15.	14.–15.	14.–15.	14.–14.
15.–15.	15.–16.	15.–16.	15.–16.	15.–16.	15.–15.
16.–16.	16.–17.	16.–17.	16.–17.	16.–17.	16.–16.
17.–17.	17.–18.	17.–18.	17.–18.	17.–18.	17.–17.
18.–18.	18.–19.	18.–19.	18.–19.	18.–19.	18.–18.
19.–19.	19.–20.	19.–20.	19.–20.	19.–20.	19.–19.
20.–20.	20.–21.	20.–21.	20.–21.	20.–21.	20.–20.
21.–21.	21.–22.	21.–22.	21.–22.	21.–22.	21.–21.
22.–22.	22.–23.	22.–23.	22.–23.	22.–23.	22.–22.
23.–23.	23.–24.	23.–24.	23.–24.	23.–24.	23.–23.
24.–24.	24.–25.	24.–25.	24.–25.	24.–25.	24.–24.
5.–25.	25.–26.	25.–26.	25.–26.	25.–26.	25.–25.
26.–26.	26.–27.	26.–27.	26.–27.	26.–27.	26.–26.
27.–27.	27.–28.	27.–28.	27.–28.	27.–28.	27.–27.
8.–28.	28.–29.	28.–29.	28.–29.	28.–29.	28.–28.
9.–29.	29.–30.	29.–30.	29.–30.	29.–30.	29.– 1. März
0.–30.	30.–31.	30.– 1. Dez.	30.–31.	30.–31.	30.– 2. März
1.– 1. Okt.	31.– 1. Nov.		31.– 1. Jan.		31.– 3. März

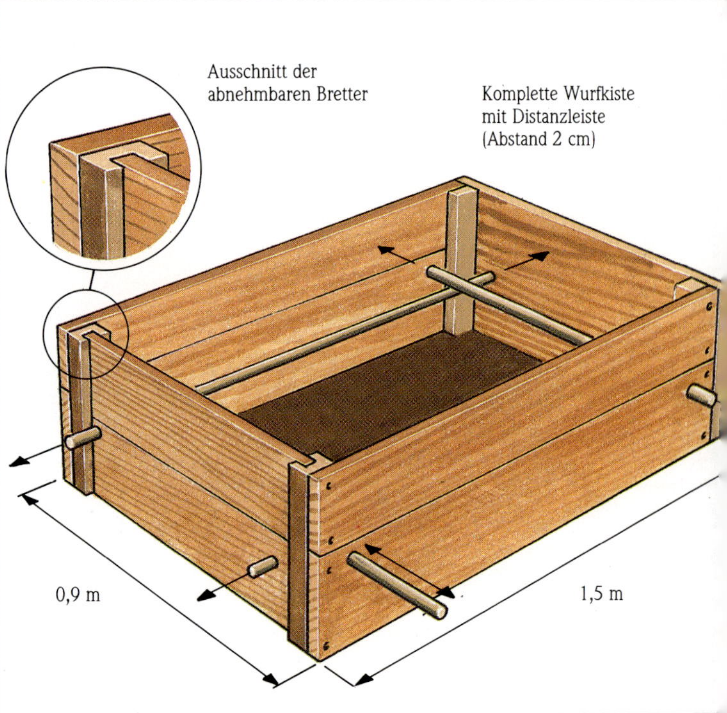

Über diese letzten zwei Wochen muß man die Hündin auch an Wurfraum und Wurfkiste gewöhnen.

Oben: *Eine einfach konstruierte Wurfkiste, die man nach Gebrauch in Einzelteilen verwahren kann. Auch die Holzdübel lassen sich entfernen.*

DER WURFRAUM

Es ist lebenswichtig, daß der Wurfraum warm und zugfrei ist. Er sollte in einem ruhigen Bereich mit Abstand zur menschlichen Familie und anderen Hunden liegen. Es ist zwar möglich, für die Geburt einen guten Außenzwinger zu bauen, ich selbst bevorzuge aber unbedingt einen freien Raum im Haus. Gerade für den Menschen ist dies viel bequemer, denn er muß auf Mutter und Kinder ein wachsames Auge haben.

Die hölzerne Wurfkiste läßt sich mit etwas praktischem Wissen über Tischlerei leicht selbst herstellen. Nachdem ich in der Vergangenheit durch Ersticken in einer quadratischen 91 cm Wurfkiste Welpen verloren habe, kam ich zu der Schlußfolgerung, daß eine viel größere Wurfkiste besser ist. Meine heutige Wurfkiste mißt ungefähr 1,5 mal 0,9 m. Hierbei hat die Hündin viel Auswahl, ob sie dicht bei ihren Welpen oder mit etwas Abstand liegen möchte. Die Wurfkiste besteht aus Bodenbrettern, zwei Bretter hoch mit abnehmbarer Vorderseite. In der Wurfkiste ist an allen vier Seiten etwa 13 cm vom Boden eine Distanzleiste angebracht. Dies verhindert, daß ein Welpe durch Unfall verloren geht, wenn er zufälligerweise zwischen dem Rücken der Hündin und der Wand verklemmt wird. Mit wenigen Schrauben kann man diese gesamte Wurfkiste nach Gebrauch auseinandernehmen und einfach verwahren. Der Boden besteht aus drei Nut-und-Feder-Brettern oder einer Spanplatte. Auch diese lassen sich leicht lagern. Während der Geburt selbst habe ich die Wurfkiste mit dicken Lagen Zeitungspapier ausgelegt. Meist werden die Zeitungen während der Geburt von der Hündin losgescharrt, sind sie zerkratzt und schmutzig, kann man sie leicht auswechseln. Später – nach der Geburt – ersetze ich die Zeitungen durch ein synthetisches Fell (Vetbett),

Oben: *Eine geschickt aufgebaute Wurfkiste mit Auslauf, aufteilbar in einen Warmbereich mit Infrarotbeheizung und Auslauf, leicht zu verändern.*

Unten: *Die gleiche Wurfkiste, für einen älteren Wurf nach außen geöffnet. Die mit Teppich bezogene Klappe erleichtert das Gehen der Welpen.*

das die Welpen warm und behaglich hält, leicht zu waschen ist. Hierbei muß man aufpassen, daß die Hündin es nicht wegkratzt, selbst wann man es im Boden verankert hat. Denn man möchte sicher nicht, daß die Welpen zufällig unter dieser Auflage ersticken.

Ich hänge über die Wurfkiste etwa im Abstand von 1,5 m eine Infrarot-Lampe. Diese strahlt auf die neugeborenen Welpen ein weiches, warmes Licht, ohne Mutter oder Welpen zu rösten. Über Nacht hat man auch genügend Helligkeit. Ich bin fest davon überzeugt, daß diese Infrarot-Lampen dazu helfen, den eventuell zurückgebliebenen Schleim in den kleinen Lungen auszutrocknen.

Zum Trocknen der Welpen braucht man viele warme Frottiertücher. Auch eine Schere in Wasser mit einem Desinfektionsmittel und etwas weißes Garn sollten bereitliegen, falls man die Naberschnur abbinden und durchtrennen muß. Auch eine zweite Box mit eingelegter, abgedeckter Wärmflasche kann sich als nützlich erweisen, um die ersten Welpen vorübergehend hineinzulegen, während der nächste Welpe geboren wird (allerdings braucht man nicht immer einen solchen Brutkasten). Zuletzt sollte man einen Notizblock und einen Schreiber bereit legen, auch eine Uhr, so daß man über den Geburtsfortgang laufend Aufzeichnungen machen kann. Bei künftigen Würfen ist dies eine große Hilfe. Kommt es zu Schwierigkeiten und man muß den Tierarzt hinzubitten, können solche Informationen besonders wertvoll werden.

DIE GEBURT

Es ist ratsam, schon vor dem voraussichtlichen Wurftag den Tierarzt zu unterrichten, daß man einen Wurf erwartet.

Chows sind in der Geburt wie alle Hunde, aber es gibt bei den Einzeltieren Wesensunterschiede und unterschiedliches Verhalten. Man unterscheidet drei Wehenphasen. Bei einigen Chows dauert die erste Phase sehr lange an, bei anderen nur kurze Zeit. Die erste Wehenphase ist durch unruhiges Verhalten charakterisiert – Ruhelosigkeit, Nestbau, Hecheln und manchmal Zittern. Bei einigen Chows beginnt dies bereits eine Woche vor der Geburt. Ein verläßlicheres Anzeichen bevorstehender Geburt ist die Temperatur des Hundes. Über die letzten Wochen liegt die Körpertemperatur etwas unter Normal, etwa 24 Stunden vor der Geburt kommt es zu einem scharfen Abfall bis auf 36,1° bis 36,6° C. Mißt man täglich mit 12stündigem Abstand die Körpertemperatur zweimal ab einer Woche vor der Geburt, wird man in aller Regel diesen plötzlichen Abfall feststellen können. Die durchschnittliche Zeit der ersten Wehen, während sich der Gebärmutterhals für die Geburt entspannt, dauert zwischen 6 und 24 Stunden. Aber auch wenn dieser Zeitabschnitt länger ist, besteht kein Grund zur Beunruhigung, solange nur die Anzeichen laufend intensiver werden. Kommt es jedoch zu längeren Ruhepausen, empfiehlt es sich, den Tierarzt um Rat zu bitten. Am Ende des ersten Wehenstadiums ist der Muttermund voll geöffnet, jetzt beginnt der zweite Wehenabschnitt, ab jetzt sollte man den genauen Zeitablauf aufschreiben. Es kommt zu ersten Preßwehen, rhythmischem Zusammenziehen der Gebärmutter. Noch immer gibt es keine endgültige Antwort, wie lange diese Preßwehen andauern. Im Vergleich zu anderen Rassen gleicher Größe haben Chows verhältnismäßig große Welpen, deshalb ist die Anstrengung, sie auszutreiben, etwas größer. Es kann durchaus 1–2 Stunden dauern, ehe der erste Welpe erscheint, aber sicherlich darf man keine Hündin mehr als 3 Stunden Preßwehen durchmachen lassen, ohne tierärztliche Hilfe herbeizurufen.

Man muß ruhig bleiben, der Hündin helfen, keinesfalls sollte man sie aufregen – eine Geburt ist ein natürliches, normales Ereignis, mit dem eine Hündin in aller Regel gut zurecht kommt. Man lasse die Hündin ihre eigene Geburtsstellung finden. Einige Hündinnen liegen gerne, andere sitzen, wieder andere stehen. Die Hündin weiß selbst am besten, was das richtige für sie ist.

Nach einigen starken Wehen der Hündin, möglicherweise begleitet von einem leichten Winseln oder Knurren, erscheint entweder die Fruchblase oder der Welpe selbst. Die meisten Geburten erfolgen mit dem Kopf voraus, es gibt aber auch eine stattliche Anzahl von Geburten, bei denen die Läufe als erstes erscheinen; beides sind normale Geburten. Eine Steißgeburt liegt dann vor, wenn das Hinterteil als erstes erscheint, dabei die Läufe unter dem Welpenkörper liegen. Eine solche Steißgeburt kann Probleme auslösen, sofortige tierärztliche Hilfe erfordern.

Bei den Geburten mit Hinterläufen voran verläuft die Geburt möglicherweise langsamer. Man kann dadurch helfen, daß man mit einem Frottiertuch die Hinterläufe faßt, parallel (und nur dann!) zu den Wehen der Hündin leicht nach unten und in

Richtung Hündinnenbauch zieht. Oft ist der Welpe bei der Geburt noch in der Fruchtblase. In diesem Fall muß er daraus befreit werden, sonst würde er ersticken. Viele Chowmütter kümmern sich selbst darum, aber viele brauchen auch Hilfe. Da in diesem Stadium Schnelligkeit von Wichtigkeit ist, befreie ich in der Regel selbst die Welpen aus der Fruchtblase. Man hofft immer, daß bei der Geburt der Welpe noch über die Nabelschnur mit der Nachgeburt verbunden ist. Diese Nabelschnur darf man nie vom Welpen wegziehen, man könnte sonst einen Nabelbruch auslösen. Ich ziehe es vor, die Nabelschnur selbst abzutrennen, weil einige Hündinnen in der Aufregung zu nahe am Welpen die Schnur durchbeißen. Ehe ich die Nabelschnur abtrenne, trockne ich den Welpen mit einem Frottiertuch völlig ab, so daß er gut atmet. Man braucht keine Sorge zu haben, zu fest zu reiben. Ein Welpe ist nicht so zart wie man glaubt, kräftiges Abrubbeln erleichtert das Atmen, stimuliert die Blutzirkulation. Man muß darauf achten, daß Nase und Mund frei von Schleimresten sind. Besteht die Möglichkeit, daß der Welpe Flüssigkeit aufgenommen hat, halte ich den Welpen kopfabwärts und schüttle ihn oder führe leichte Schwingbewegungen aus. Atmet der Welpe erst normal, kümmert man sich um die Nabelschnur. Man bindet sie mit Nähgarn eng am Nabel ab, quetscht sie dann zwischen den Fingernägeln, notfalls mit desinfizierter Schere zwischen der abgebundenen Stelle und der Nachgeburt etwa 5 cm lang ab. Jetzt legt man den Welpen an das Gesäuge der Hündin. Das Absaugen der Milch führt zu einem normalen Hormonabbau in der Hündin, erleichtert dadurch die Geburt des nächsten Welpen. Manche Hündinnen mögen zu diesem Zeitpunkt ihre Welpen noch nicht, sind zu ungeschickt oder haben bereits Schwierigkeiten mit der nächsten Geburt. In solchen Fällen legt man den Welpen in den separat bereitgestellten Karton, den man mit einer abgedeckten Wärmflasche ausgestattet hat, mit einem leichten Tuch oben abdeckt, bis es möglich ist, den Welpen der Hündin anzuvertrauen. Es ist kein Grund zur Besorgnis, wenn Welpen bei Geburt rosa Zungen haben, das ist völlig normal. Das charakteristische Blau kommt später, verbreitet sich innerhalb der nächsten Wochen erst nach und nach über die ganze Zunge.

Die Geburtsabstände sind recht verschieden, man achte aber darauf, daß sie nicht zu lange dauern. Beobachtet man über mehr als eine Stunde laufende Preßwehen ohne Geburt, kann dies ein Hinweiß auf Probleme sein. Es ist aber völlig normal, daß der letzte Welpe auch noch nach einigen Stunden Ruhepause geboren werden kann. Verläuft die Geburt bereits über mehrere Stunden, sollte man der Hündin warme Milch mit Traubenzucker anbieten. Man muß die Zahl der Nachgeburten sorgfältig zählen, dies ist wichtig, wenn der Tierarzt nachkontrolliert, die Möglichkeit besteht, daß eine Nachgeburt noch in der Hündin steckt. Nicht ausgetriebene Nachgeburten lösen eine schwere Erkrankung aus. Meist möchte die Hündin die Nachgeburten fressen, dies ist völlig natürlich. Es ist gut für die Hündin, einige Nachgeburten zu fressen, sie sind reich an Proteinen, zu viele könnten aber Durchfall auslösen.

Ist der Wurf komplett, sollte man die Hündin ermuntern, ihren Wurf kurzzeitig zu verlassen, nach draußen zu gehen, um sich zu lösen. Bringt man die Hündin nach draußen, ehe man sicher ist, daß der ganze Wurf geboren ist, muß man sie sorgfältig beobachten, die Wehen könnten draußen einsetzen und die Hündin einen Welpen verlieren. Hat man die Hündin nach Abschluß des Wurfes nach draußen gebracht, benutzt man rasch die Gelegenheit, säubert die Wurfkiste, denn Geburten sind immer ein flüssigkeitsreiches Ereignis; so kann die Hündin in ein sauberes und ordentliches Lager zurückkehren.

Bei ihrer Rückkehr muß man sie möglicherweise überreden, sich gemütlich hinzulegen, ihre Welpen zu säugen. Man sollte, wenn nötig, die Welpen an den Zitzen anlegen. Aber sehr bald werden die Mutterinstinkte wach, sie wird zur stolzen und geschickten Mutter der besten Welpen, die je (zumindest nach ihrer Meinung!) geboren wurden.

Über die ersten Stunden sind Welpen manchmal laut, aber bald kehrt Ruhe ein, wenn die kleinen Bäuche gefüllt sind. Gesättigte und gesunde Welpen sind ruhig und zufrieden, sie schreien nur dann laut, wenn sie ihre Mutter nicht finden können. Ein solcher gesunder Schrei ist von dem schwächlichen, dumpfen Wimmern ähnlich einer Möwe deutlich zu unterscheiden; solches Wimmern zeigt einen kranken Welpen an.

Der neuen Hundefamilie muß man ein friedliches, ruhiges und zurückgezogenes Leben ermöglichen. Man überwacht ruhig, aber beständig Mutter und Kinder, hält aber alle übrigen Besucher – einschließlich der Familie – zumindest für 48 Stunden auf Distanz. Der Züchter selbst darf allerdings die neue Familie nicht über längere Zeiträume unbeaufsichtigt lassen, ständige

Kontrolle auch über die Nachtzeit ist erforderlich. Man merkt rasch, wie zufrieden und geschickt die Hündin ist, wann man sie dann auch über längere Zeitabschnitte allein lassen kann.

DIE SÄUGENDE HÜNDIN

Nach einer Geburt ist es völlig normal, daß die Hündin über die ersten Tage Durchfall hat. Ebenso normal für sie ist über 2–3 Wochen Ausfluß aus der Scheide. Dieser ist zunächst dunkel, wird nach und nach blasser und hört dann auf. Man hält die Hündin so sauber wie möglich, benutzt eine Desinfektionslösung und einen Schwamm, trocknet die Hündin vor ihrer Rückkehr zum Wurf mit einem Frottiertuch ab. Wird der Ausfluß stärker und grünlich, verbunden mit steigender Körpertemperatur, dann ist etwas falsch, muß man den Tierarzt rufen.

Eklampsie

Gibt es bei der Hündin Anzeichen von Hecheln, Zittern oder Ruhelosigkeit, erscheint sie gar im Bewegungsablauf steif, hat sie verhärtete Muskulatur, könnte sie an Eklampsie leiden. Hierbei handelt es sich um eine sehr ernsthafte und gefährliche Erkrankung aufgrund von Kalziummangel.

Eklampsie kann durch eine vom Tierarzt gegebene intravenöse Kalziumspritze überwunden werden. Die Erkrankung erfordert aber schnellste Behandlung, könnte anderenfalls tödlich enden.

Fütterung

Eine säugende Hündin produziert über ihre Milch eine erstaunlich große Menge neues Körpergewicht und Gewebe. Jeder

Links: *Ein neugeborener Welpe wird durch Anlegen an der Zitze zum Trinken ermuntert. Der Erstgeborene saugt schon tüchtig.*

Welpe fordert massiv sein Recht. Im Alter zwischen 2 und 4 Wochen nimmt ein Chowwelpe wöchentlich nahezu 900 g zu. Hieraus folgt, daß man eine säugende Hündin kaum überfüttern kann. Sie braucht eine ganze Menge gutes, nahrhaftes Futter, regelmäßige Gaben von Milch und Traubenzucker; auch stetiger Zugang zu frischem Wasser ist wichtig. Man sollte auch laufend Futterergänzungsstoffe mit Vitaminen, Kalk und Mineralien beimischen.

DIE ERSTEN WOCHEN

Über die ersten Wochen brauchen gesunde Welpen wenig menschliche Pflege, es genügt laufende Kontrolle um sicherzustellen, daß sie keinesfalls hinter ihrer Mutter eingequetscht werden, daß alle ihren gerechten Anteil an der „Milchbar" haben. Um die Toilette der Welpen kümmert sich die Mutter.

Ein gut gefütterter Welpe verdoppelt innerhalb der erste 8–10 Tage sein Gewicht. Bei normalen, gesunden Welpen beobachtet man im Schlaf zuckende Bewegungen; dies schwindet etwa im Alter von vier Wochen. Die Welpenaugen öffnen sich zwischen dem 10. und dem 16. Tag. Am Anfang sollten die Augen perlschwarz sein, jede Aufhellung in diesem Alter zeigt, daß der erwachsene Hund aller Wahrscheinlichkeit nach ein helles Auge haben wird. Etwa mit 14 Tagen beginnen Welpen zu hören, mit etwa 3 Wochen kommen sie auf ihre noch ziemlich wackligen Läufe. Aber bereits mit 4 Wochen laufen sie kreuz und quer! Mit dem Beginn des Seh- und Hörvermögens ist es wichtig, die Sozialisierung zu beginnen, man gewöhnt sie an die menschliche Stimme und an das Angefaßtwerden.

WELPENFÜTTERUNG

Mit der Welpenfütterung beginnt man zwischen der 3. und 4. Woche, je nach Anzahl der Welpen, dem Gesundheitszustand und der Kondition ihrer Mutter. Nach meiner Erfahrung ist es am leichtesten, die Fütterung mit etwas rohem Schabefleisch vom Rind auf den Fingern zu beginnen. Hierdurch merken die Welpen rasch, daß es noch eine andere Art von Fütterung gibt als die ihnen bereits bekannte. Sie lernen schnell, bald können sie auch an eine warme Milchmahlzeit (mit Welpenmilchpulver angereichert und Babyflocken) gewöhnt werden. Zunächst geht diese Fütterung überall sonst hin als in die Kehle. Kein Grund zur Beunruhigung, die Mutter ist nur zu gerne bereit, die Welpen zu säubern und auch Futterreste zu beseitigen. Alle paar Tage kann eine neue Mahlzeit eingeführt werden, bei etwa 4 Milchmahlzeiten täglich gedeihen die Welpen schnell und gut. Mit 5 Wochen vertragen Welpen in Fleischbrühe eingeweichtes Welpenfertigfutter bester Qualität, man ergänzt dies durch erstklassiges, feingeschnittenes Fleisch für zwei der Mahlzeiten. Die anderen zwei Mahlzeiten bleiben unverändert Babygetreideflocken mit Welpenmilch oder Ziegenmilch, vermischt mit Traubenzucker. Keinesfalls zulässig sind billige Ersatzstoffe aus Kuhmilch. Einer dieser Mahlzeiten setzt man eine komplette Vitamin-, Kalzium- und Mineralmischung zu. Die Welpen müssen Zugang zu sauberem Trinkwasser haben. Empfehlenswert ist Abwechslung in den Mahlzeiten, man führt neue Futtermittel wie Rührei, Huhn, Reispudding, Sardinen, weiches Fischfleisch und anderes ein. Mit dem Heranwachsen der Welpen werden die einzelnen Mahlzeiten vergrößert, in diesem Zeitabschnitt ist das Wachstum der Welpen mehr von dem durch den Menschen gegebenen Futter als durch die Milch bestimmt. Zuweilen füttert man die Welpen mit separaten Schüsseln, weil hierdurch eine bessere Kontrolle über die Futteraufnahme jedes einzelnen Welpen möglich ist.

In der Entwöhnungszeit sollte die Hündin über immer längere Zeitabschnitte von ihren Welpen getrennt werden. Zu dieser Zeit folgen einige Hündinnen nämlich ihren natürlichen Instinkten, würgen den Welpen ihr Futter vor. Solange in diesem Ausgewürgten keine großen Futterklumpen sind, kann den Welpen dabei nichts passieren, vielmehr ist es eine völlig natürliche Art, einen Wurf an andere Futtermittel zu gewöhnen.

PFLEGEROUTINE

Wöchentlich werden die Nägel der Welpen kontrolliert. Sie können in diesem Zeit-

Links: *Eine sehr mütterliche „Cedar" mit ihren Welpen. Die Ohren der kleinen Hündin links sind schon weiter gestellt als die ihres liegenden Bruders.*

abschnitt bereits in Wochenfrist stark wachsen, der Hündin Schmerzen zufügen. Sie sind weich genug, um sie mit einer normalen Nagelschere zurückzuschneiden. Man schneidet nur die äußerste Spitze, riskiert damit keinerlei Schmerzen oder Bluten.

Welpen sind meist von Spulwürmern befallen, sollten erstmals mit drei Wochen, dann nochmals mit sechs bis sieben Wochen mit einem guten Wurmmittel nach Anweisungen des Herstellers entwurmt werden.

Erziehung zur Stubenreinheit ist bei Chows meist kein Problem, es sind sehr saubere Hunde. Anfangs benutzen sie Zeitungen als Toilette, bald wird man feststellen, daß man nie genügend Zeitungen auftreiben kann! Tägliche Fellpflege kann ab drei Wocken beginnen, muß dann bis zur Abgabezeit mit acht Wochen fortgesetzt werden. Dabei handelt es sich immer nur jeweils um wenige Minuten, aber dieses frühe Erziehen (einschließlich Kontrolle von Fang und Ohren) hält die Hunde über ihr ganzes Leben gut im Schuß.

Das Bekanntmachen mit dem Leben draußen hängt weitgehend von Wetter und Jahreszeit ab. Nie darf man Welpen naß und kalt werden lassen.

DER ABSCHIED

Im Alter von acht Wochen sind Welpen so weit entwickelt, daß sie den Züchter verlassen, das Leben in ihrer neuen Familie beginnen können. Immer sollte man Kaufinteressenten sehr sorgfältig prüfen. Sind die Wohnverhältnisse geeignet? Passen sie temperamentmäßig zu einem Chow? Kaufen sie ihren Welpen aus den richtigen Gründen? Ist dies der Fall, sollte der Züchter jede Hilfe anbieten, die Abnehmer brauchen: Speiseplan, Ahnentafel, Impfpaß und auch für das zukünftige Leben bei Bedarf jede Unterstützung.

Hat man gesunde, fröhliche Welpen gezüchtet, die anderen Menschen in ihrem Leben Freude schenken, hat man seine Aufgabe richtig erfüllt.

Kapitel sieben

GESUNDHEITS-FÜRSORGE

Seiner Natur nach ist der Chow ein kräftiger, gesunder Hund. Abgesehen von Routine-Untersuchungen für Schutzimpfungen kommen Chows außerordentlich selten in tierärztliche Praxen. Die normale Gesundheitsfürsorge erfolgt zu Hause durch Routinekontollen, die nur ein paar Minuten erfordern, zuzüglich sorgfältiger Beobachtung aller Geschehnisse, die anormal erscheinen. Besitzer, die ihre Hunde sorgfältig betreuen, kennen ihre Tiere am besten, auf ihre aufmerksame Beobachtung muß sich der Tierarzt verlassen können, sie bietet wichtige Informationen bei allen auftretenden Symptomen.

ROUTINEMASSNAHMEN

Schutzimpfungen: Es ist für den Junghund von größter Wichtigkeit, wirksam gegen Krankheiten wie Staupe, Hartballenerkrankung, Hepatitis, Leptospirose und Parvovirose geimpft zu sein. Über seine ersten Lebenswochen ist ein Welpe durch die Antikörper geschützt, die auf ihn von der Mutter übertragen werden.

Unten: *Man achte stets darauf, daß die Schutzimpfungen des Hundes zum richtigen Zeitpunkt aufgefrischt werden. Den kleinen Stich spürt er wirklich kaum.*

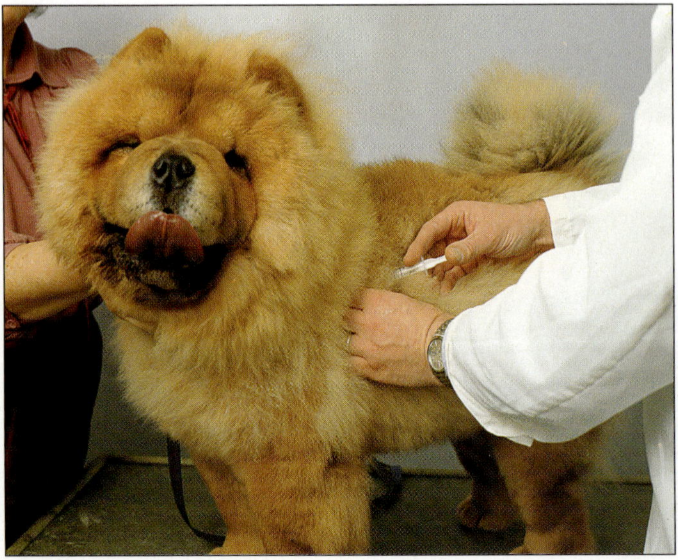

Über den Termin der ersten Impfung sollte man sich von seinem Tierarzt beraten lassen, einige beginnen früher mit der Schutzimpfung als andere. Mit Sicherheit sollte die erste Impfung nicht später als im Alter von 12 Wochen erfolgen. Bis der Impfschutz vollständig ist, sollte man den Welpen nicht auf Spaziergänge mitnehmen oder in Kontakt mit anderen Hunden kommen lassen, nicht einmal im gleichen Haushalt, denn auch die im Haus lebenden Hunde könnten mit Infektionsquellen in Kontakt gekommen sein. Man darf nie vergessen, daß der Impfschutz für Dauerwirkung einer jährlichen Auffrischung bedarf.

Nägel Einige Chows laufen ihre Nägel auf natürliche Weise nicht ab. Bei diesen ist ein Zurückschneiden der Nägel mit einer speziellen Hundenagelzange erforderlich. Man achte sorgfältig darauf, nicht zu viel abzuschneiden. Im Nagelinneren steckt das „Leben", ein Blutgefäß, das angeschnitten zu bluten beginnt und auch recht weh tun kann. Nägel von heller Farbe machen es leicht, denn dabei kann man im Nagelinneren das dunkle „Leben" erkennen, beim Schnitt meiden. Schwarze Nägel bereiten mehr Schwierigkeiten. Hier muß man schätzen, und es ist besser zu irren, indem man zu wenig abnimmt, als ins „Leben" zu schneiden. Man beachte auch die Wolfskrallen an den Vorderläufen, sie nützen sich nicht ab, wachsen manchmal zu lang und können dabei so stark gebogen werden, daß sie in den Vorderlauf selbst eindringen, dadurch Schmerzen auslösen.

Unten: *Der Tierarzt untersucht den Welpen gründlich auf seinen Gesundheitszustand, ehe er abgegeben wird.*

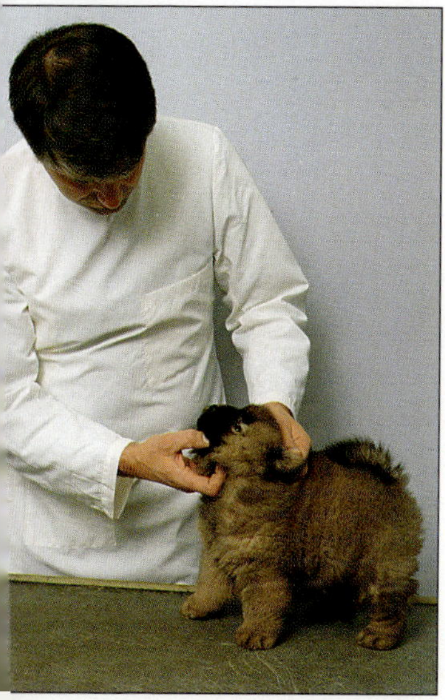

Ohren Ein Routinekontrolle der Ohren zeigt schnell, ob sie sauber sind oder nicht. Ein wenig braune, wachsartige Sekretion ist normal, aber jeder unangenehme Geruch oder Ausfluß von dunkler rotbrauner Farbe, jedes Anzeichen von Reizung im Ohr (Kratzen oder Kopfschütteln) deutet auf Ohrprobleme hin. Man sollte den Hund beim Tierarzt vorstellen. Mit warmem Olivenöl kann man zuviel Ohrenschmalz auflösen, nie sollte man jedoch im Ohrinneren herumstochern, es könnte leicht zu Verletzungen führen.

Entwurmung Hunde werden von Spulwürmern, Bandwürmern, Hakenwürmern, Lungenwürmern oder Peitschenwürmern befallen. Die ersten zwei Wurmarten treten recht häufig auf. Vermutet man Wurmbefall beim Hund, entwurmt man ihn mit geeigneten Wurmtabletten, die man sich vom Tierarzt besorgt. Wurmfreiheit des Hundes ist wichtig, nicht nur seiner eigenen Gesundheit wegen, sondern weil Würmer auch für Kinder Gefahren bedeuten. Es ist außerordentlich leicht und billig, die Tiere wurmfrei zu halten.

Durchfall Dieser entsteht meist durch Verdauungsprobleme. Man läßt den Hund 12 Stunden hungern, muß aber für Zugang zu frischem Wasser sorgen. Man verabreicht ein wenig leichtes Kaolin (Heilerde) und setzt den Hund für einige Zeit auf leichte Diät. Hält der Durchfall über mehr als 48 Stunden an, bedarf es tierärztlichen Rates.

Fieber Vermutet man, daß der Hund Fieber hat, sollte man direkt den Tierarzt um Rat bitten. Die Temperatur des Hundes wird normalerweise im After gemessen, das Thermometer muß tief eingeführt werden, man sollte es sich vom Tierarzt zeigen lassen. Temperaturen ab 39° C müssen mit dem Tierarzt besprochen werden.

Verabreichen von Tabletten Am leichtesten geht es, wenn man drei oder vier kleine Stückchen Käse nimmt, sie mit den Fingern zu kleinen Käsebällchen formt. Zumindest ein Bällchen gibt man dem Hund ohne Tablette. Man steckt in die übrigen Käsebällchen jeweils eine Tablette, und – weg sind sie!

Grassamen Im Sommer geraten zuweilen beim Spiel auf der Wiese Grassamen ins Fell und zwischen die Zehen des Chows. Man muß diese sorgfältig entfernen, sie könnten sich sonst in die Haut einbohren.

SPEZIALPROBLEME

Entropium Hierbei handelt es sich unglücklicherweise um eines der verbreitetsten Probleme beim Chow. Ursache ist eine erbliche Mißbildung der Augenlider, das untere Augenlid dreht sich nach innen, dabei reiben die Augenwimpern an der Hornhaut der Augen. Diese Erkrankung verursacht viele Schmerzen, man erkennt sie durch Augenblinzeln, Augenausfluß (hierfür gibt es aber auch andere Ursachen) und/oder Kratzen oder Reiben am Auge. Entropium läßt sich chirurgisch korrigieren, am besten, wenn der Hund ausgewachsen ist. Hat aber ein Junghund offensichtliche Augenprobleme, zieht es der Tierarzt möglicherweise vor, nicht so lange zu warten. Eine Reihe von Tierärzten haben in dieser Operation sehr viel Erfahrung. Am besten befragt man den Züchter, der den Käufer eigentlich aus eigener Erfahrung mit seiner Zucht auf dieses Problem hinweisen sollte. Es ist nicht immer ein Verschulden des Züchters, diese bemühen sich meist nachhaltig darum, durch Zucht von freien Elterntieren die Krankheit auszurotten. Es bleibt zu hoffen, daß sich die Lage in künftigen Jahren durch sorgfältig ausgewählte Zuchtprogramme verbessert.

Knieprobleme Aufgrund der sehr geraden Hinderhand und des kurzen Sprunggelenks kommt es beim Chow manchmal zu einem Kreuzbandriß am Hinterlauf, das Tier geht dabei extrem lahm, tierärztliche Hilfe ist sofort notwendig. Ich kann nicht stark genug betonen, daß bei dieser Krankheit Ruhe und Zeit zu den wichtigsten Heilfaktoren gehören. Zu viele Hundebesitzer versuchen den Heilungsprozeß zu beschleunigen. Geduld ist das Schlüsselwort, der Hund braucht über viele Monate, nicht nur ein paar Wochen, Schonung und Betreuung. Es ist sehr wichtig, daß während dieser langen Heilperiode der Hund nur nach draußen kommt, um „das Notwendigste" zu erledigen, dabei immer angeleint bleibt. Ich bin mir klar, daß all die Leute, die auf dem Spazierweg am Ende meines Gartens vorbei kamen, sich sehr wunderten, warum mein Chow in seinem eigenen Garten jeden Morgen von mir in meinem Hauskleid an der Leine spazierengeführt wurde.

Hüftgelenkdisplasie Die großen Hunderassen einschließlich Chow leiden manchmal an einer Abnormität von Oberschenkelkopf und Beckenpfanne. Bei Welpen läßt sich dies meist nicht erkennen, es wird deutlicher, wenn die Hunde nahezu ausgereift sind. In schweren Fällen kann HD schmerzhaft sein, Lahmheit verursachen.

HD ist in gewissem Umfange erblich, wird aber durch Überfütterung noch verschlimmert (daher meine vorherigen Warnungen). Der Hund wird zu schwergewichtig. In England gibt es für die Auswertung der Mißbildung ein von der British Veterinary Association und dem Kennel Club ausgearbeitetes Schema. Ab einem Alter von 12 Monaten kann der Chow geröntgt werden, hieraus ergibt sich eine exakte Diagnose. Viele Zuchtvereine verlangen eine solche Untersuchung. Solange die Züchter alles unternehmen, um diesen Fehler aufzudecken, züchterisch zu meiden, kann man von ihnen nicht mehr verlangen. Der genaue Vererbungsgang dieser Krankheit wird noch immer erforscht; ähnlich wie bei Entropium garantiert die Paarung zweier HD-freier Tiere in keiner Weise HD-freien Nachwuchs.

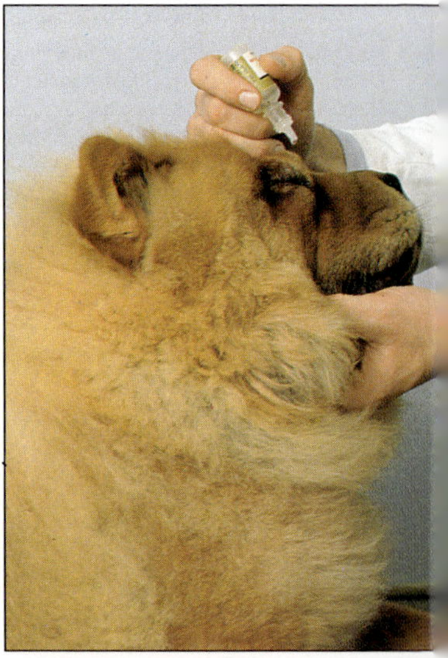

Oben: *Bei auftretenden Augenproblemen ist sofortige tierärztliche Behandlung notwendig. Dieser Chow hat sein Auge im Spiel hart angestoßen.*

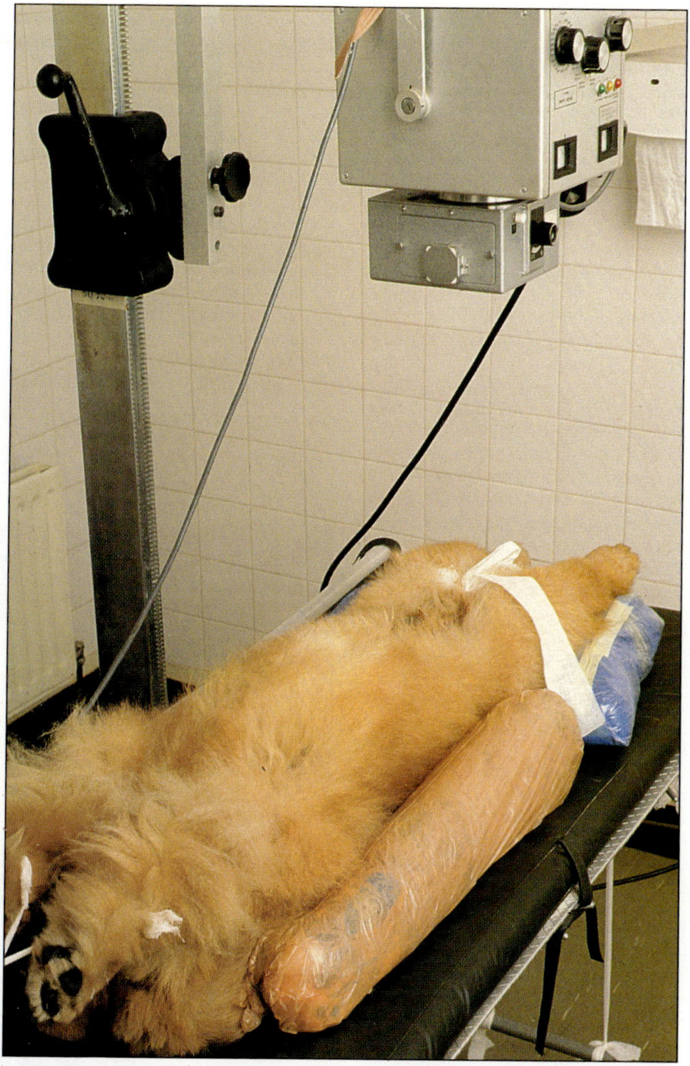

Oben: *Ein in Narkose gelegter Chow so gelagert, daß er auf Hüftgelenkdisplasie geröntgt werden kann. Nach kurzer Zeit erreicht der Hund wieder volles Bewußtsein.*

Anaesthesie Für Anaesthesie ist der Chow ein recht schwieriger Patient. Glücklicherweise haben neue Forschungen gute Ergebnisse gebracht, die Betäubung ist heute viel sicherer geworden.

Hitzschlag Erleidet ein Chow einen Hitzschlag, ist es ganz wesentlich, auf schnellste Art seine Körpertemperatur herunterzukühlen. Eintauchen in kaltes Wasser, Eisumschläge, ja selbst Einpacken mit Tiefkühlkost – alles, was ihn schnell abkühlt, sollte angewandt werden. Zehn Minuten Anwendung sollten ausreichen, sonst besteht die Gefahr, daß die Temperatur zu stark gesenkt wird. Selbst wenn der Hund sich schnell erholt, bedarf es tierärztlicher Kontrolle. Die Moral lautet: **MAN LÄSST SEINEN HUND AN HEISSEN TAGEN NIE IM AUTO!**

Ekzeme Es gibt eine Reihe von Ursachen für Hautprobleme. Als erstes muß man beim Chow überprüfen, ob man zu viel Fleischprotein gefüttert hat. Bei dieser Rasse ist dies die häufigste Ursache für das Auftreten von Ekzemen. Ist dies nicht die Ursache, kann es sich um eine Art Allergie handeln. Es bedarf einiger Zeit, um die richtige Diagnose zu finden, dabei kommt alles in Frage vom Teppich bis zum Gras. Man kann medizinische Salben und Puder ausprobieren, es gibt auch Spezialshampoos, die helfen könnten. Man muß den Chow davon abhalten, die juckende Stelle zu kratzen oder mit den Zähnen zu beknabbern, dies alles macht es nur schlimmer. Ich habe eine Hündin, die an Ekzemen leidet, und ich muß sie in eine alte Bluse von mir stecken; da diese gestreift ist, nenne ich das ihren „Pyjama"! Aber diese Behandlung ist wirksam, die Stellen heilen ab. Die Behandlung von Ekzemen ist eine Frage von Versuch und Irrtum, aber während man noch auf der Suche nach dem richtigen Medikament ist, kann man schon Juckreiz und Schmerzen mildern. Meist erhält man vom Tierarzt Tabletten, die den Juckreiz stoppen.

Magenumdrehung Überfütterung, insbesondere mit Trockenfutter, kann Ursache dafür sein, daß sich der Magen bläht, dreht und der Hund stirbt. Sie kann auftreten, wenn Trockenfutter nicht ordentlich eingeweicht wurde. Bei dieser Krankheit ist der Hundemagen völlig aufgebläht, so fest wie ein Trommelfell. Sofortige tierärztliche Hilfe ist zwingend. Selbst ein Aufschub von Sekunden kann exakt den Unterschied zwischen Leben und Tod ausmachen.

Pyometra Hierbei kommt es zu einer Flüssigkeitsansammlung in der Gebärmutter, zumeist tritt diese zwei Monate nach der Hitze einer Hündin auf. Anzeichen hierfür sind übertrieben starker Durst, Spannung der Bauchdecke. Bei offener Pyometra tritt auch ein dicker, rotbrauner Ausfluß aus der Scheide aus. Dieser Ausfluß hat einen ganz spezifischen und unangenehmen Geruch.

Hat man dies einmal gerochen, vergißt man nie, was dieser Geruch bedeutet. Eine Notoperation ist in der Regel erforderlich.

Cystitis Häufiges Urinieren mit Blut im Urin bedarf der tierärztlichen Kontrolle. Hierfür gibt es verschiedene Ursachen, die nur der Experte zu unterscheiden vermag. Am besten nimmt man zum Tierarzt eine Urinprobe mit. Manchmal läßt sich das Problem schnell heilen, gelegentlich ist es recht langwierig.

Wunden Man muß jede blutende Wunde behandeln. Hierfür nimmt man einen in kaltes Wasser getauchten Wattebausch, macht einen Druckverband mit Hilfe eines Tuches oder einer Bandage an der blutenden Stelle. Scheint die Wunde tief zu gehen, bedarf es häufig des Nähens durch den Tierarzt.

Vergiftung Befürchtet man eine Vergiftung des Hundes, ist es das Erste zu versuchen, ihn zum Erbrechen zu bringen. Ein Schluck Salzwasser kann als schnelles Brechmittel wirken. Hat der Hund aber eine ätzende Substanz aufgenommen, darf man kein Brechmittel geben. Sofortige tier-

Unten: *Mit etwas Phantasie kann man Ekzeme zum Abheilen bringen – selbst wenn dies bedeutet, daß der Hund „Pyjamas" tragen muß.*

ärztliche Hilfe ist unbedingt nötig! Gibt es irgendetwas, das die Vergiftung ausgelöst haben könnte, sollte man es mit dem Hund zum Tierarzt bringen. Die verbreitetsten Ursachen sind Schnecken- und Rattengift. Man sollte beim Gebrauch dieser Gifte außerordentlich vorsichtig sein, sie für Tiere unerreichbar unterbringen!

Stiche Wespen, Bienen und Moskitos (Stechfliegen) können Hunde stechen. Beim Versuch, nach ihnen zu schnappen, kann der Hund im Maul gestochen werden. Kann man den Stachel sehen, sollte man ihn mit einer Pinzette entfernen, eine Salzlösung aufbringen. Beginnt das Innere des Fangs oder ein Augenlid stark anzuschwellen, muß man mit dem Hund zum Tierarzt, er braucht möglicherweise eine Antihistaminspritze. Hier ist Schnelligkeit wichtig, denn ein starkes Anschwellen im Maul kann zu ernsthaften Atemschwierigkeiten führen.

Flöhe Hierbei handelt es sich um ein Problem, das bei den meisten Chows nicht auftritt. Glücklicherweise scheinen Flöhe weitgehend unfähig zu sein, die dichte Unterwolle eine Chows zu durchdringen, deshalb ist ein Chow mit Flöhen eine Seltenheit. Kommt es dennoch beim Chow zum Flohbefalle, kann aufgrund der Dichte des Fells, das durchdrungen werden muß, die Bekämpfung schwierig sein. Es gibt vorzügliche Flohsprühmittel auf dem Markt, die man beim Tierarzt erhält, hierzu gehört auch ein Spray für das Lager, Teppiche und Möbel rings um den Hund. Dabei muß man wissen, daß auf einen Floh auf dem Hund weitere drei Flöhe rund um den Hund kommen!

Zum Glück für die Chows sind Flöhe wirklich ein sehr seltenes Problem.

Zwingerhusten Eine Viruserkrankung, der Virus wird häufig auf Ausstellungen und in Tierheimen aufgenommen. Die

Symptome ähneln einer milden Grippeerkrankung mit laufendem Husten. Behandlung durch Antibiotika, die in der Regel bis zum Erlöschen des Hustens 3–4 Wochen dauert. In der ganzen Zeit sollte der Hund nur wenig bewegt werden. Es handelt sich um einen hochgradig infektiösen Virus. Es ist keine gefährliche Erkrankung, mit Ausnahme für kleine Welpen und schon ältere Hunde. Es gibt gegen Zwingerhusten einen Impfstoff, viele Tierheime bestehen darauf, daß der Hund zuvor geimpft wurde, ehe man ihn aufnimmt.

Tollwut Aufgrund der Quarantänegesetze ist Tollwut in England kein Problem. In den USA und auf dem Kontinent bedarf es aber dringend der Tollwutschutzimpfung. Junghunde kann man ab drei Monaten impfen. Wiederholungsimpfungen werden mit jährlichem Abstand in den meisten Ländern gefordert. In England sind Tollwutimpfungen nur mit Genehmigung des zuständigen Ministeriums möglich, das diese erteilt, wenn der Hund in entsprechende Länder exportiert wird.

Oben: *Zwei glückliche, gesunde Chows in der Haltung der Löwen auf dem Trafalgar Square. Ihr Gesichtsausdruck sagt: „Wie lange sollen wir eigentlich noch die Kinder hüten?"*

Plan für regelmäßige Gesundheitskontrollen

Täglich	Augenkontrolle – auf starken Ausfluß und Augentrübung. Stuhlgang – auf Konsistenz, Farbe und Häufigkeit.
Wöchentlich	Ohren – auf Ausfluß oder Geruch, Ohrleder auch auf Wunden. Pfoten – auf Wunden, Kratzer, Zysten und Nagelentzündungen.
Monatlich	Haut/Fell auf Kahlstellen, Ekzeme, Verfilzungen usw. Krallen – auf Länge, Entzündung, Splittern.
Alle sechs Monate	Brustwarzen – auf Tumore. Rüden: Penis – auf Ausfluß oder Wunden; Hoden – auf jede Abnormalität. Hündinnen: Scheide – auf außergewöhnlichen Ausfluß.
Jährlich	Wiederholungsimpfungen.

Erste-Hilfe-Kasten für Hunde

Desinfektionslösung
Nagelzange
Schere
Pinzette
Alte Krawatten (als Maulkorb für Notfälle)
Watte
Kinder-Paracetamol (analgetisch) oder kleine Dose Aspirin
Antiseptische Salbe
Antiseptischer Puder
Rolle breites Pflaster
Rolle Wundverband mit Klebeschicht
Rolle Kreppverband
Antihistaminspray (für Stiche, aber nie im Bereich Fang oder Augen)
Traubenzucker
Heilerde (Kaolin)
Medikament gegen Bauchschmerzen
Reisetabletten
Augensalbe (vom Tierarzt)
Klinisches Thermometer
Wurmtabletten oder -paste
5 ml Plastikspritze ohne Nadel (vom Tierarzt)
Kleine Cognacflasche (für den Hund!)

ALLGEMEINES

Man sollte sich über die vorstehende Krankheitsliste keinesfalls aufregen, sondern sich erinnern, daß der Chow wirklich von Grund auf ein sehr gesunder Hund ist, der nur sehr selten in der tierärztlichen Praxis gesehen wird. Aber Vorsicht ist besser als Heilung, so zahlt sich laufende Beobachtung auf Außergewöhnliches am Hund immer aus. Nie darf man seinen Chow zu fett und faul werden lassen. Ein Chow sollte ein aktives Tier sein. Ist er optimal gefüttert, nicht überfüttert, braucht er ausreichend Bewegung, darf aber nicht überstrapaziert werden. Man sollte ihn warm und behaglich halten, aber nicht verwöhnen, dann ist er auf dem richtigen Weg, ein glückliches Leben zu führen. Der Chow ist ein sehr wichtiges Familienmitglied, loyaler und beständiger Freund seines Besitzers. Man sollte ihn immer gut behandeln, ihm mit viel Freundlichkeit entgegenkommen. Der amerikanische Capt. Will Judy sagte einmal: „Ein Hund ist die einzige Liebe, die man für Geld kaufen kann!“

Kennel Club Standard Chow Chow

General Appearance Active, compact, short coupled and essentially well balanced, leonine in appearance, proud, dignified bearing; well knit frame; tail carried well over back.

Characteristics Quiet dog, good guard, bluish black tongue; unique in its stilted gait.

Temperament Independent, loyal yet aloof.

Head and Skull Skull flat, broad; stop not pronounced, well filled out under eyes. Muzzle moderate in length, broad from eyes to end (not pointed at end like a fox). Nose, large and wide in all cases, black (with exception of cream and near white in which case a light-coloured nose permissible, and in blues and fawns a self-coloured nose).

Eyes Dark, almond shaped, fairly small and clean. A matching coloured eye permissible in blues and fawns. Clean eye, free from entropion, never being penalised for sake of mere size.

Ears Small, thick, slightly rounded at tip, carried stiffly and wide apart but tilting well forward over eyes and slightly towards each other, giving perculiar characteristic scowling expression of the breed. Scowl never to be achieved by loose wrinkled skin of head.

Mouth Teeth strong and level, jaws strong, with a perfect, regular and complete scissor bite, i.e. the upper teeth closely overlapping the lower teeth and set square to the jaws. Tongue bluish black. Roof of mouth and flews black (blue black), gums preferably black.

Neck Strong, full, not short, set well on shoulders and slightly arched.

Forequarters Shoulders muscular and sloping. Forelegs perfectly straight, of moderate length, with good bone.

Body Chest broad and deep. Ribs well sprung but not barrelled. Back short, level and strong. Loins powerful.

Hindquarters Hindlegs muscular, hocks well let down, with minimal angulation, essential to produce characteristic stilted gait. From hocks downwards to appear straight, hocks never flexing forward.

Feet Small, round, cat-like, standing well on toes.

Tail Set high, carried well over back.

Gait/Movement Short and stilted. Forelegs and hindlegs moving parallel to each other and straight forward.

Coat Either rough or smooth.
(a) Rough – profuse, abundant, dense, straight and stand-off. Outer coat rather coarse in texture, with soft woolly undercoat. Especially thick round neck forming mane or ruff and with good culottes or breechings on back of thighs.
(b) Smooth – coat short, abundant, dense, straight, upstanding, not flat, plush-like in texture.
Any artificial shortening of the coat which alters the natural outline or expression should be penalised.

Colour Whole coloured black, red, blue, fawn, cream or white, frequently shaded but not in patches or parti-coloured (underpart of tail and back of thighs frequently of a lighter colour).

Size Dogs: 48–56 cm (19–22 ins) at shoulder. Bitches: 46–51 cm (18–20 ins) at shoulder.

Faults Any departure from the foregoing points should be considered a fault and the seriousness with which the fault should be regarded should be in exact proportion to its degree.

Note Male animals should have two apparently normal testicles fully descended into the scrotum.

FCI-Standard Nr. 205/20. 2. 1989
Chow Chow

Ursprungsland: China
Patronat: Großbritannien

Allgemeines Erscheinungsbild: lebhaft, kompakt, kurz und geschlossen, vor allem aber sehr harmonisch, löwenhafte Erscheinung, stolz, würdevolle Haltung, festgefügtes Gebäude, Rute gut über den Rücken getragen.

Charakteristika: ein ruhiger Hund, sehr wachsam, mit blauschwarzer Zunge, einzigartig in seiner stelzenden Gangart.

Wesen: eigenwillig, treu, jedoch zurückhaltend.

Kopf und Schädel: Schädel flach und breit, ohne ausgeprägten Stop, unter den Augen gut ausgefüllt. Fang mäßig lang, von den Augen bis zum Ende des Fanges breit (nicht zulaufend wie bei einem Fuchs). Nase immer groß und breit, schwarz. (Ausgenommen sind cremefarbene und fast weiße Chows, bei denen die Nase heller gefärbt sein darf, sowie blaue und rehfarbene Chows, deren Nase gleichfarbig sein darf.)

Augen: dunkel, mandelförmig, ziemlich klein und trocken. Bei blauen und rehfarbenen Chows sind passend gefärbte Augen zulässig. Ein Hund mit etwas größeren Augen, die trocken und frei von Entropium sind, darf deswegen nicht geringer bewertet werden.

Ohren: klein, dick, an den Spitzen leicht gerundet, steif aufrecht getragen, weit auseinanderstehend, leicht zueinander geneigt, jedoch gut vorwärts über die Augen gerichtet, ergibt den für die Rasse so charakteristischen, mürrischen Ausdruck (Scowl). Dieser Ausdruck darf niemals durch lose, Falten bildende Kopfhaut erzielt werden.

Gebiß: Zähne stark und ebenmäßig, kräftige Kiefer mit einem perfekten, regelmäßigen und vollständigen Scherengebiß, wobei die obere Schneidezahnreihe ohne Zwischenraum über die untere greift und die Zähne senkrecht im Kiefer stehen. Zunge blauschwarz. Gaumen und Lefzen schwarz (blauschwarz), Zahnfleisch schwarz bevorzugt.

Hals: kräftig, voll, aber nicht kurz, leicht gebogen und gut auf den Schultern aufgesetzt.

Vorhand: Schultern muskulös und schräg liegend, Vorderläufe gerade, mäßig lang, mit kräftigen Knochen.

Körper: breite und tiefe Brust, Rippen gut gewölbt, jedoch nicht tonnenförmig. Kurzer, gerader und kräftiger Rücken. Kraftvolle Lendenpartie.

Hinterhand: Hinterläufe muskulös, Sprunggelenke tief stehend, mit minimaler Winkelung, unentbehrlich für den charakteristischen stelzenden Gang. Die Hinterhand erscheint von den Sprunggelenken an abwärts gerade, wobei sich die Sprunggelenke niemals nach vorne durchbiegen dürfen.

Pfoten: klein, rund, Katzenpfoten ähnlich, gut auf den Zehen stehend.

Rute: hochangesetzt, gut über dem Rükken getragen.

Gangart/Bewegung: kurz und stelzend, Vorderläufe wie Hinterläufe bewegen sich parallel zueinander und geradeaus.

Haarkleid: lang- oder kurzhaarig

a) Langhaar: üppig, dicht, gerade und abstehend. Das Deckhaar ist eher von grober Textur, mit weicher, dichter Unterwolle. Besonders dicht um den Hals bildet es eine Mähne oder einen Kragen. Gut ausgeprägte Behosung an den Rückseiten der Schenkel.

b) Kurzhaar: kurz, üppig, dicht, gerade, abstehend und nicht flach anliegend, plüschartige Textur.

Jedes künstlich veränderte Haarkleid, das die natürlichen Umrisse oder den Ausdruck verändert, sollte negativ bewertet werden.

Farbe: einfarbig schwarz, rot, blau, rehfarben, creme oder weiß, häufig schattiert, jedoch nicht gefleckt oder gescheckt. Unterseite der Rute und Behosung der Schenkel häufig von hellerer Farbe.

Größe: Schulterhöhe:
Rüden: 48 bis 56 cm
Hündinnen: 46 bis 51 cm

Fehler: jede Abweichung von den vorgenannten Punkten sollte als Fehler angesehen werden, dessen Bewertung in genauem Verhältnis zum Grad der Abweichung stehen sollte.

Anmerkung: Rüden sollten zwei offensichtlich normal entwickelte Hoden aufweisen, die sich vollständig im Skrotum befinden.

Spezialzuchtclubs

Allgem. Chow-Chow-Club e.V.,
Salgert 2, 53797 Lohmar
Chow-Chow-Club in Deutschland e.V.,
Eichendorffstr. 2, 30880 Laatzen
Verbandskörperschaft Österreichs für die Chow-Chow-Rasse (VÖCC), Waldmeistergasse 27, A-1140 Wien
Schweizerischer Chow Chow Club
Via G.-Stabile 10, CH-6900 Lugano

Empfehlenwerte Literatur:

Dr. Dieter Fleig - KYNOS HUNDEFIBEL
Heinz Gail - 1 x 1 DER HUNDEERZIEHUNG
Dr. Roger Mugford - HUNDEERZIEHUNG 2000
John Rogerson - HUNDEERZIEHUNG TIERISCH GUT
John Fisher - VERHALTENSSTÖRUNGEN BEI HUND UND KATZE
Dr. Roger Mugford - HUNDE AUF DER COUCH
Eberhard Trumler - DER SCHWIERIGE HUND
Dr. Dieter Fleig - DIE TECHNIK DER HUNDEZUCHT
Dr. Malcolm B. Willis - GENETIK DER HUNDEZUCHT
Wilcox/Walkowicz - KYNOS ATLAS - HUNDERASSEN DER WELT
Clark/Brace - KYNOS GROSSER HUNDEFÜHRER